# 心純見真

智元微库
OPEN MIND

成长也是一种美好

曹岫云

1.

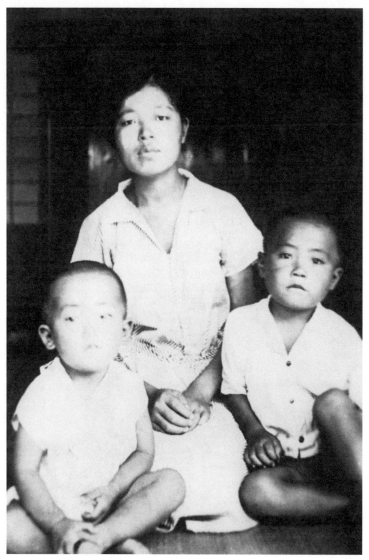

1. 稲盛（左）和母亲、哥哥在一起。

2.

2. 稻盛（左）和哥哥。

3.

3. 稻盛的母亲和父亲。

4.

4. 1955年，稻盛从鹿儿岛大学毕业后进入松风工业株式会社工作，从事特殊陶瓷（新型陶瓷）的研究。

5.

5. 1958年，稻盛与自己的上司（当时的技术部部长）在技术开发方针上产生分歧，从松风工业辞职。

6.

6. 1958年，稻盛与须永朝子女士结婚。

7.

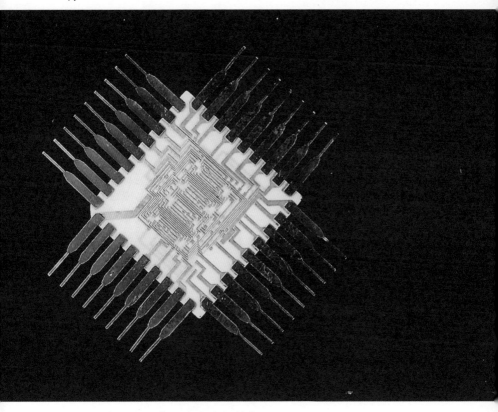

7. 1969年稻盛开发的陶瓷多层封装。

8.

8. 1984年，稻盛成立第二电电企划株式会社，担任会长。
（前排右一为盛田昭夫，右三为稻盛和夫）

9.

9. 1987年稻盛在盛和塾的前身"盛友塾"交流会上发表演讲。

10. 稻盛谈与"宇宙意志"相和谐的心性。

11.

12.

11. 1989年在京都的学习会。
12. 1993年在圣保罗举办的"盛和塾巴西"开塾式。

13.

13. 2010年稻盛和夫经营哲学（北京）报告会。

14.

15.

16.

14. 京都奖奖牌。
15. 1985年举办的第一届京都奖颁奖典礼。
16. 京都奖授奖仪式现场。

17.

18.

17. 2000年，稻盛担任KDDI的名誉会长。
18. 2012年，稻盛担任日本航空公司取缔役名誉会长，日本航空重新上市。

19.

19. 2014年6月，曹岫云与稻盛和夫合影。

我最后一次见稻盛和夫，是在2019年10月1日，地点是他的办公室，共45分钟。稻盛对我的信任、爱护、体谅让我感动、感激、感谢，这种感觉是刻骨铭心的。

后来我对日本友人说：

我觉得，现在我天天与稻盛塾长在一起，从来没有分开过。因为无论在工作还是在生活中，总有许多事情需要自己判断，为了做出正确的判断，就需要稻盛塾长教给我的"作为人，何谓正确"的判断基准。虽然后来新冠肺炎疫情暴发，稻盛闭门不出，在90岁高龄时寿终正寝，但稻盛塾长永远活在我心中。

# 百术不如一诚

曹岫云 著

人民邮电出版社

北京

**图书在版编目（CIP）数据**

百术不如一诚 / 曹岫云著. -- 北京 ：人民邮电出版社，2023.6（2024.6重印）
ISBN 978-7-115-61854-2

Ⅰ．①百… Ⅱ．①曹… Ⅲ．①稻盛和夫—传记 Ⅳ.①K833.135.38

中国国家版本馆CIP数据核字（2023）第092382号

◆　　著　　曹岫云
　　责任编辑　王铎霖
　　责任印刷　周昇亮

◆　人民邮电出版社出版发行　　北京市丰台区成寿寺路 11 号
　　邮编　100164　电子邮件　315@ptpress.com.cn
　　网址　https://www.ptpress.com.cn
　　河北京平诚乾印刷有限公司印刷

◆　开本：880×1230　1/32　　　　　彩插：8
　　印张：7.75　　　　　　　　　　2023 年 6 月第 1 版
　　字数：150 千字　　　　　　　　2024 年 6 月河北第 9 次印刷

定价：59.00 元

读者服务热线：（010）67630125　　印装质量热线：（010）81055316
反盗版热线：（010）81055315
广告经营许可证：京东市监广登字 20170147 号

# 推荐序　一诚胜百术

Foreword

这本书写了22天，也可以说写了22年。

2022年8月，稻盛和夫先生以90岁高龄辞世，他一生经手了三家跻身世界500强的企业，但相对于经营巨匠的身份，其稻盛哲学更加广为人知。仅仅在中国市场上，他的《活法》《干法》《心法》等著作的发行量就将近2000万册。无论是图书数量还是学习人数，稻盛在中国的影响远超其本土，而这一切都绕不开一个关键人物——身居江南的曹岫云先生。

曹岫云先生年近耄耋，精神矍铄，常年奔赴各地弘扬稻盛"利他哲学"，同时笔耕不辍，如今大家耳熟能详的关于稻盛的书籍，无论是译作，还是著作，大多出自他的手笔。可以说**稻盛哲学在这世间的发扬光大，岫云先生居功至伟**。稻盛当年慧眼识珠，一眼便相中这样的衣钵传人，可谓目光如炬。

不久前，岫云先生应出版界盛情之邀，写了一本可以读通稻盛哲学的书，名曰《百术不如一诚》。感怀于二十年来的点点滴滴，岫云先生不但答应下来，而且奋笔疾书，仅用22天便完成了全书，如有神助，堪称奇迹。

这本新书回顾了稻盛的出生、成长、教育、事业发展，既有屡遭挫折的少年往事，也有白手起家的创业经历；既有盛和塾的盛况空前，也有拯救日航的临危受命，以及覆盖稻盛哲学方方面面的十三观，包括人生观、工作观、经营观、幸福观、教育观、善恶观、国际观、政治观、科学观、生命观、心性观、宇宙观乃至婚恋观。如果你没有时间通读市面上所有关于稻盛和夫的书，那么，这本《百术不如一诚》就是All in One（即总览一切）的那本。

稻盛27岁创业，创立了后来著名的京瓷，但在草创时，一个普通大学的毕业生带领一帮中学生，要钱没钱要人没人，实在很难看出这是一家将来会成为世界500强的企业。希望是如此渺茫，以至于，起步没多久就发生了员工联名闹薪事件。但正是这些不利因素，反而促使稻盛很早就开始思考**"能力平凡的人，怎样才能获得不平凡的成功"**这一人生命题，并一路走来，渐渐形成了人们今天看到的稻盛哲学。

2010年，78岁的稻盛和夫以退休之身临危受命，受邀出山重振宣布破产的日航。消息甫一传出，岫云先生立刻发表了《日航重建——稻盛经营哲学的公开实验》一文，历史证明岫云先生的预言相当准确。仅用一年，按人民币计算，日航便从亏损100亿元到盈利140亿元，创下该公司60年历史中最高利润两倍的纪录。对于拯救日航的初衷，稻盛提出了"三条大义"，但岫云先生当面提出："我认为应该还有第四条大义。"听罢内容，稻盛笑着说："这话只能你说，我自己不能说。"此情此景可谓心心相印，默契有加。

很少人知道这个"外行拯救航空业"的背后智慧，源自中国古代。稻盛早年便读过《了凡四训》，其作者袁了凡年轻时信命从命，生活安稳以至于不思进取，直到一天被栖霞寺禅师喝破："人确实有命运，但命运是可以改变的。想好事、做好事，就会有好的结果；想坏事、做坏事，就会有坏的结果。"正是这种"想好事、做好事"的人生观促成毫无航空业经验的稻盛冒着"晚节不保"的风险，接下了这样的重担，用实际行动回答了**"普通人到底应不应该信命信因果"**这个命题。

谈到参禅悟道，岫云先生还记录了一日与稻盛共进早餐时唱和的情景：

众生本来佛，恰如水与冰；

离水则无冰，众生外无佛。

不知佛在身，去向远方求，

好比水中居，却嚷口中渴。

这是一首禅诗，名叫《坐禅和赞》，这里有日常、有普通、有赞美、有清泉，二人都非常喜欢。读到这里，让人不由得想起我们发起的每日赞美活动。可见，普通人如何过上不平凡的人生，秘密并不一定在远方。

岫云先生在赠我新书的扉页上，专门题写"心纯见真"四个字。记得当年在蠡湖之滨我们第一次见面时，谈及人生中初见各自偶像竟然发生在同一年，无论是我初见巴芒（巴菲特和芒格），还是他初见稻盛，都发生在2001年。惊喜之余，聊到各自在理念传播、文字弘扬方面的进展，相对我有限的努力而言，曹老可谓著作等身。

他尝言："我译书写书，应邀到处讲演，年中无休，乐在其中，不觉疲惫，不知老之已至。排除杂念，全身心投入工作，这就是最好的修炼。**健康时勤奋工作，衰老时视死如归，这其**

实是一件美好的事情。"

他自述在读书写作的过程中，时时有"三生有幸"的感动。大家可能不知道，多年以来曹先生放弃了很多版税、翻译费、编译费，我想这也是古圣先贤精神的一脉相承，在他赠我的《稻盛哲学与阳明心学》一书序言中，有着对于这种精神的描述，尤其以一到五字的排列最为精妙，也就是大家熟知的"**爱、利他、致良知、敬天爱人、为人民服务**"。

作为中日友好使者，早在2001年响应中国西部大开发时，稻盛就设立了"稻盛京瓷西部开发奖学基金"。也正是那一年岫云先生在初见稻盛的答谢会上，发言的题目就是《百术不如一诚》，当即引发了稻盛内心的共振，随后表示自己此生最后一本书就应该以此命名。

从2001年的初见到2023年的成书，可以说，这本书用了22天完成，也可以说这本书用了22年。稻盛的心愿，岫云替他完成了。

一切言行皆有原点。书中提到岫云先生兴之所至，在自己喜欢的两句话上又加上两句："登高莫问顶，途中耳目新。心里有基准，踏实往前行。"这个基准就是稻盛哲学的原点——"**作为人，何谓正确**"。

有了原点，有了基准，遵循天道，关爱众人，这样的哲学可以运用到社会的不同行业、生活的不同侧面，可以变化出百术万术，但万变不离其宗，百术不如一诚，一诚可胜百术万术。

杨天南

北京金石行知文化公司董事长

2022年8月24日，稻盛和夫在家中安然离世，享年90岁。他静悄悄地走了。他的葬礼只有少数至亲好友参加，没有惊动日本商界、政界、学界、新闻界的任何人。直到后事料理完毕，8月30日下午，他的家属才对外公布了他逝世的消息，并拒绝一切献花献物乃至唁电。

2022年秋天，日本能率协会①做了一次调查，在全世界有史以来最卓越经营者前10的排名中，稻盛和夫超越松下公司的松下幸之助、苹果公司的乔布斯、丰田公司的丰田章男，超越被称为"日本企业之父"的涩泽荣一等人，名列第一。虽然这个调查仅限于日本国内，但我认为，尽管这10位经营者各有千秋，都是世界级的耀眼的明星，然而在这10位之中，作为科学家、企业家、哲学家、教育家、慈善家的稻盛和夫仍出类拔萃，作为

————

① 日本民间组织，1942年成立，总部设在东京。以提高企业经营效率为目的，注重研究和推广有实际效果的经营管理技术，向企业提供综合服务。

全人类企业经营史上首屈一指的卓越人物，他当之无愧。

现在，稻盛的著作在中国的销量已经超过1500万册，仅我翻译的《活法》《干法》《心》《阿米巴经营》这4本书的销售量已经达到1000多万册。有关稻盛的书籍在中国已有90多种。知道稻盛的人越来越多，认真学习并在工作中努力实践稻盛思想，取得积极成果的个人和企业也越来越多。同时，对稻盛和稻盛思想的解读，包括文章、视频多不胜数。其中与事实有出入的，甚至存在误读、误解的也不在少数，有的人随意发挥，借用稻盛的口，说他自己的话，制造出许多混乱。

最近，有出版界的朋友提议并催促我，写一本有关稻盛和稻盛思想的简明读本，供更多的读者阅读，同时也矫正一些错误的信息。

2001年10月28日，我在天津第一次见到了稻盛和夫先生。在第一届中日经营哲学国际研讨会上，我发表了题为《百术不如一诚》的论文。论文的4个小标题是：

成事在合作

合作在信任

信任在诚意

诚意在原则

我讲的所谓原则就是"实事求是"。但是，稻盛先生对我发言的点评是这样的。

诚实地做正确的事，别人对你的信任感会油然而生。您经营的企业都是中小企业，虽然您说得很谦虚，但所讲的内容和我平时倡导的几乎是相同的，要重视原理原则。那么，原理原则中最核心的部分就是您所讲的诚实、正义和信赖感。您说不能把个人利益放在首位，不能做金钱的奴隶。您讲如何信任部下，把经营委托给他们，又如何受到部下的信任。您讲得非常细致。企业经营不是单纯追求利润，而是信任别人、委托别人，任用比自己更优秀的人来经营企业，您说这很重要。您这么说，就触及了经营的真理。

我把"实事求是"这个经营的科学性的一面作为原理原则，而稻盛却强调，原理原则中最核心的部分是诚实、正义和信赖感。

日本盛和塾负责人告诉我，稻盛塾长说"百术不如一诚"是金句，他最后一本书就要把"百术不如一诚"作为书名。我听后就觉得稻盛先生与我有缘分。而我在与稻盛先生交往的过程中，始终遵循"百术不如一诚"这条基本原则。

但是，我在听了稻盛先生的点评，特别是听了稻盛先生"经营为什么需要哲学"的主题讲演之后，将《百术不如一诚》一文作了以下重要修改。

**原则的道德侧面和科学侧面**

在《百术不如一诚》这篇论文中，我把"实事求是"作为"统括其他一切原则的原则"，看作"哲学的真谛"。

那么，"实事求是"这一原则，同被称为稻盛哲学"原点"的"作为人，何谓正确"这一原则，是一种什么关系呢？

我将论文的最后一节改写如下：

**那么，什么叫原则或原则中心呢？**

稻盛先生说"作为人，何谓正确"这句话就是原则，就是判断一切事物的基准，也就是一切行动的出发点或中心。

"作为人，何谓正确"这单纯的一句话，看似抽象，却抓住了问题的要害。

作为人，何谓对错，何谓好坏，何谓善恶；作为人，什么可做、该做，什么不可做、不该做，其实大家都心知肚明。对的、好的、善的、可做的、该做的事，许多人没做、没做好或没坚持做好；而错的、坏的、恶的、不可做的、不该做的事，有人却明知故犯，或偷偷摸摸，或冠冕堂皇，甚至肆无忌惮地大干特干。社会的很多乱象，因此而生。

"作为人，何谓正确"这一原则由两个侧面组成。一是道德或人格的侧面，二是科学或理性的侧面，即"实事求是"。只有人格高尚的人，才能始终实事求是；只有坚持实事求是，才能维持和提升自己的人格。道德侧面和科学侧面相辅相成。

比如公正公平，属于道德范畴。尽管社会上存在着不公正、不公平的现象，但我们一刻也不能放弃对公正公平的追求，并尽可能做到基本的、相对的公正公平。我们任何时候都不敢说我们已做得很公正、很公平了，但公正公平却是我们考虑问题的一个基本出发点，要做到这一点又必须结合实际情况。

比如，我们企业实施的利益平衡办法，虽然比较公正，但另一个企业未必适用，因为那里情况不同。现在的办法在我们办厂初期也行不通，因为当时情况不同。这就是说公正原则如何具体应用，要按实际情况办，并在实践中做必要的修正。世上没有绝对的公正，只有坚持"实事求是"，才能使公正原则得到更好的执行。这是一方面。

但是另一方面，甚至更重要的一方面：公正公平、诚实、真善美等看似抽象的道德原则，其实是普遍真理，是人类共同的理想，人类必须孜孜以求。轻视或怀疑这些道德原则，必将导致混乱和灾难。如果这些最简单的道德原则真正成为社会的共识，成为人们的信念，那么与道德原则对立的各种社会丑恶现象自然会大幅减少。在企业里，领导的公正无私就是促使员工团结奋斗的最大动力。

忽视道德和人格，不将道德和人格放在极重要的地位，只强调科学和理性，只强调"实事求是"，并不能坚持真正的"实事求是"。我们企业乃至社会的许多毛病的病根就在于此，我们历史和现实的教训，都已经证明并将继续证明这个真理。

"实事求是"加"心纯见真"，科学加道德，这就是我们得出的结论，也就是上面提到的原则中心。

以上内容的修改，我认为意义很大。

自2001年10月28日起，20多年来，我有幸与稻盛先生一直保持着密切的交往，特别是自2010年由他亲自提议的、与他合作创办的"稻盛和夫（北京）管理顾问有限公司"成立以来，我在他的直接指导下工作，经常有机会在他身旁感受他的气息，并不断向他提问。

稻盛和夫究竟是一个怎样的人？他的核心思想到底是什么？他的思想同我们普通人的日常生活和工作有什么关系？经常有人向我提出诸如此类的问题。

2013年10月13日，在稻盛和夫经营哲学（成都）报告会上，我对11个与稻盛相关的问题做了简明回答。稻盛和夫本人当场做了点评，并高度肯定了我的阐述。遵照出版界朋友的建议，我先把几个有关问题的答案，在这个前言中列出。

## 问1：在你的心目中，稻盛和夫是怎样一个人？

答：稻盛出身是科学家，他在24岁左右就有重要的发明创造。他和他的团队开拓了"又一个新石器时代"，在广泛领域内拥有尖端的技术。但他出名的身份却不是科学家，而是企业家，他创立了京瓷和KDDI两家世界500强企业，还拯救了日航。举世瞩目的经营成果让稻盛名扬天下。但我认为稻盛本质上是哲学家，而且与一般的哲学家不同，他是一位彻底追求正确思考和正确行动的、利他的哲学家。

另外，听说在经营京瓷的时候，稻盛非常严厉，但或许因为我不是日本人而是中国人吧，稻盛对我比较客气。最近一年多来（2013年前后），我几乎每个月都有机会同稻盛见面。我感觉他虽然有严肃的一面，但更多的是亲切、谦逊，有时还很幽默，发言常常引得满堂大笑。他不但善于同你平等交流，而且极度认真专注。他往往一下子就能触及事情的核心。他讲话充满哲理，娓娓道来，细致透彻。同他交流是一种特别的精神享受。

还有，在我的心目中，稻盛是人不是神，我们也没有必要去神化他。有人说稻盛是圣人，稻盛回答说："我才不是什么'圣人'呢，我只是一个极为普通的男人，如果我是'圣人'，那么只要你们同我有一样的想法、像我一样努力的话，你们也能成'圣人'。"

稻盛有时也会朝令夕改。稻盛年轻时抽烟，每天两包，后来戒了17年；去日航的时候，因为有精神压力，又抽上了。我竭力劝他戒烟，他果然戒了，但很可惜，只戒了3个月，现在又抽了。可见稻盛是同我们一样的凡人。他至今仍然坚持天天反省，这是非常正确、非常必要的。

## 问2：你第一次见到稻盛的时候有什么感觉？

答：在2001年10月28日这一天，我在天津第一次见到稻盛和夫先生，聆听了他的"经营为什么需要哲学"的讲演。当时我有一种一见如故、相见恨晚的感觉。

稻盛说，人生是有方程式的，判断事物是有基准的，办企业是要明确企业目的的。这些话之前我从没听说过，自己也从没认真思考过。我不知道用什么语言来形容我当时的感受。孔子说"朝闻道，夕死可矣"，明白了人生的真理就是人生最大的幸福。我当时就有一种直觉，觉得能遇到稻盛这样的人物来做自己的老师，有稻盛哲学来指引自己的工作和人生，是我莫大的幸运。所以一个月以后，我就专程去日本拜访京瓷公司，买了稻盛在日本出版的全部著作和当时一共44期的《盛和塾》杂志，并如饥如渴地埋头阅读起来。

可以说同许多企业家和学者一样，从接触稻盛开始，我的人生分成了"稻盛之前"和"稻盛之后"两个阶段。

## 问3：稻盛哪句话对你触动最大？

答："判断一切事物都有相同的基准"，这句话对我触动最大。比如，世界上质量、长度的基准原来都不一样，但度量衡统一后有了国际标准单位，如质量单位克和千克，长度单位米和千米。这些基准都统一了。

那么，"作为人，何谓正确"这个判断事物的基准能不能为人们所共有呢？这个可能性存在吗？答案是存在这种可能性。因为每个人的内心深处都有良知，都有真善美，只要把人的这种本性发扬光大就行。

日航重建在短时间内就取得了卓越的成功，这个事实就是一个巨大的证明。原来价值观很不一致的32 000名日航员工共有同一个判断基准，或者说，稻盛用他的良知激发了全体员工的良知，全体员工的力量和智慧发挥出来，日航的成功就水到渠成了。

日航迅速起死回生给了我们一种信心，一种深刻的启示，即，如果这个判断事物的正确基准能够推而广之，不仅为日航员工，而且为全人类所共有，那么千百年来我们的圣贤所描绘、憧憬和追求的理想的利他文明的社会就一定会出现。

## 问4：你认为稻盛哲学是什么？

答：哲学有很多定义，比如，哲学是追究宇宙人生终极真理的学问，哲学是自然科学与社会科学的结晶，哲学是说明存在和意识、物质和精神、客观和主观、实践和理论的关系学问，哲学有唯物论和唯心论等。

但稻盛哲学是用来实践的，所以稻盛对哲学的定义是：用来规范和指导人们一切言行的根本思想。

## 问5：稻盛哲学对你个人最大的影响是什么？

答：我认为有两个方面。一方面，判断和决定事情变得轻松了。事情复杂化，无非因为自己夹杂私心，有许多算计。从私心的束缚中解放出来，肯做自我牺牲，问题就单纯化，事情该怎么办就怎么办。部下就会信任甚至尊敬你，你也可以向他们提出更高要求。

另一方面，多了信念，少了担忧。因为事情从决策到产生结果之间，有一个过程，在这个过程中，自己往往会担心甚至焦虑。但学了稻盛哲学，强化了一种信念，那就是只要做事的动机是善的，实行的过程也是善的，就无须担心它的结果。好结果的出现只是时间问题，而且好的程度甚至超出自己原来的预想。

在中国传播稻盛哲学有许多障碍，但因为有了信念，我就很少有担忧和不安，即使在中日关系最紧张的时候，我们盛和塾的学习活动仍然照常进行。

稻盛和夫曾反复强调，其思想哲学的"原点"，可以凝缩成一句话：以"作为人，何谓正确"当作一切判断和行动的基准。稻盛说："我自年轻时候起，就学会了自问自答'作为人，何谓正确'。"

我也是人，我也知道"作为人，何谓正确"，但是，在结识稻盛之前，我没有学会自问自答"作为人，何谓正确"。没有把"作为人，何谓正确"当作自己判断一切事物的出发点，所以我的工作和人生，有时顺利，有时失利，或喜或忧，磕磕碰碰。当我在心中树起这个基准，并努力对照这一基准采取行动时，我感觉心明眼亮，生活和工作焕然一新，这就是结识稻盛20多年，我一路走来的人生。我很喜欢"登高莫问顶，途中耳目新"这两句话，我再加上两句，"心里有基准，踏实往前行"。

在《百术不如一诚》这本书中，首先，我就用这一基准，对稻盛的人生足迹做了梳理和描绘，其中有许多新鲜有趣的故事和细节，是大家不知道的。其次，我对"判断基准"这一稻盛思想哲学的"原点"做了通俗易懂的说明。然后，我对稻盛和夫的人生方程式，稻盛和夫的企业目的，稻盛和夫的人生观、工作观、经营观、幸福观、教育观、善恶观、国际观、政治观、科学观、生命观、心性观、宇宙观乃至婚恋观，以及稻盛和夫对"心"的阐述，可以说都是从这一"原点"中演绎出来的。

读者朋友们，稻盛的思想哲学一点也不复杂，更不是什么高深难懂的东西。说得直白一点，只要您领会稻盛"作为人，何谓正确"这一判断基准，并努力付诸行动，不屈不挠，持之以恒，精益求精，那么不管您当前的处境如何，您的工作一定能顺利起来，您的事业一定能成功，您的人生一定能幸福。

我相信，在您认真读完《百术不如一诚》这本书以后，您自己也会得出相同的结论。

曹岫云

2023年3月10日

# 目录

Contents

01

# 稻盛和夫的足迹

## 多灾多难的青少年时代

1932年1月30日，稻盛和夫出生于日本最南端鹿儿岛市的药师町
（现城西镇）。在七兄妹中，他排行老二。当时，父母经营着
一间小小的家庭印刷厂，家境虽不富裕，却总是很热闹。稻盛
小时候爱哭，曾被叫作"三小时哭虫"。第一天上小学是由母
亲陪同进教室的。当老师宣布家长们可以回去时，稻盛突然放
声大哭。结果，其他家长都离开了，只剩稻盛母亲一个人站在
教室后面，尴尬得无地自容。

但在家里，稻盛调皮可爱，亲戚们相聚时，他常常把大家逗得
哈哈大笑。

小学低年级时，叔叔常带他看电影。看完回家，稻盛就被弟妹

们围住，他会把电影里的情景，按自己的理解，手舞足蹈、绘声绘色地讲述一遍。弟妹们听得出神："啊！真有趣，比亲自去看还过瘾。"这时稻盛就格外得意。

小学一年级时，他的学习成绩优秀，门门都是甲等。但因为贪玩，到了二年级，降为门门都是乙等，但他并不在意，只要与同学们玩得高兴，他就心满意足了。稻盛父母都只有小学文化水平，又忙于生计，从不督促他学习。

虽然学习不用功，成绩平平，但在小朋友中，他的人气却很高，因为遇到其他班刺头的挑衅时，他敢于反抗。他带大家玩打仗游戏，点子多、会指挥。玩累了，他还会带着他的跟班们回家吃红薯。稻盛的母亲很好客，而稻盛分红薯时总是先人后己。这样，他自然而然就成了"孩子王"。

"孩子王"的首次挫折是升学考试失败。当时，他和班上许多同学一样，都报考鹿儿岛一中，但发榜时，平时成绩不如他的人都考上了，唯独他名落孙山，稻盛不禁黯然落泪。回到家里，父母仍然忙碌，没人理会他的伤心。无论是自己曾经的小跟班，还是那些天敌般的富家子弟，都神气十足地穿上了一中的校服，而平日里的"孩子王"稻盛只有黯然神伤。直到几十年后的一次同学会上，有一位考上一中的同学对稻盛说："当时你的眼神那么毒，你嫉妒我的样子，我记了一辈子。"

第二年稻盛再考一中，再次落榜，自信再受打击。而此时美军的飞机开始轰炸鹿儿岛①。对稻盛来说，更不幸的是，他又患了病，发烧躺在床上浑身乏力，他心灰意冷，准备放弃升学了。但这时，小学班主任老师扎着防空头巾来到稻盛家，说："是男子汉就别泄气，天无绝人之路。"老师已经代他在另一家初中报了名。就这样，在这位老师的陪同下，稻盛第三次参加小升初考试，这次总算考上了，是鹿儿岛一所垫底的初中。

因为持续低热不退，母亲带他上医院检查，结果是肺结核初期的"肺浸润"。当时肺结核被认为是绝症。这时候，邻居大婶借给他一本书，书中关于疾病与心态的话，引起了他的思考。后来因为美军对鹿儿岛的不断轰炸，稻盛疲于奔命，无暇顾及疾病，反而促使了疾病的痊愈。

---

① 日本是第二次世界大战的发起国之一，日本侵略者犯下了累累罪行。1945年6月，日本的主要军事目标皆遭摧毁，而日本侵略者仍不肯投降。于是美军轰炸了鹿儿岛等地。轰炸促使日本提前结束侵略战争。——编者注

但没过多久，美军的飞机把稻盛家的房屋，包括印刷机器炸成了一片废墟。好在一家人没在战火中受伤，而父亲因为年轻时跌落河中，一只耳朵失聪，因此免除了兵役。

在战后①的混乱中，因为政府按人头发放新币，父亲积蓄的旧币变成了废纸。要养这一家人，父亲不敢借债重建工厂，稻盛家陷入了极度贫困。为了生存，他们自制海盐，私制烧酒，在黑市兜售，母亲卖光了自己的和服。局势稍稳定后，父亲做起了战前做过的纸袋生产，全家的生活才略见起色。稻盛帮助父亲卖纸袋，他把鹿儿岛分成七个地区，每天去一个，每周循环，这一战略奏效了，再加上"卖纸袋男孩"的热心，稻盛大获成功，居然把竞争对手挤出了鹿儿岛。年少的稻盛一出手就显示了他不凡的商才。

当时，初中升高中不需要考试。为了上高中，稻盛与父亲吵了一架。父亲认为："家里这么贫困，母亲身体这么瘦弱，还要照顾这么多年幼的孩子，你还好意思上高中？赶快找个工作养活自己。"

---

① 第二次世界大战后。

稻盛说："家里虽然穷，但把我送进高中，难道不是你当父亲的义务吗？我一定要上高中！"父亲受不了儿子顶撞，随手给了他一个耳光，并把他赶出了屋。倔强的稻盛在屋外的台阶上坐了整整一夜。最后父亲妥协了，卖了祖上传下的仅有的三亩薄田，供稻盛上学用。稻盛承诺高中一毕业马上工作。

但临近稻盛高中毕业，他哥哥极力主张让这个家里最聪明的弟弟上大学。中学校长亲自登门家访，对稻盛的父亲说，这孩子有潜质，一定要让他上大学。在申请奖学金和打工挣学费的条件下，父亲终于同意了稻盛继续升学的请求。

因为小时候患过肺结核，稻盛报考了大阪大学医学系的药物专业。高中成绩优秀的他信心十足，不料考试再次落榜。稻盛本想休学一年再考，但家里的经济条件根本不允许。无奈之下，稻盛报考了招生较晚的、本地的鹿儿岛大学，这次顺利考上了，专业是工学系的有机化学。

除了参加不要成本的"空手道"这一课外活动以及打零工，稻盛四年的大学时光，都花费在用功学习上。功夫不负有心人，稻盛学习成绩出色，属于顶级水平，然而临近毕业却找不到工作，多次参加应聘面试，结果都是"不予录用"。失望之余，稻盛陷入了痛苦和沮丧。

1955年，在朝鲜战争结束后不久，日本经济状况由高峰跌入谷底，大学生就业困难，没有名气的地方大学的毕业生更是如此。不过，凡是有背景、有门路的人，仍然能轻易进入大公司。

父母含辛茹苦，兄弟姐妹节衣缩食，好不容易让自己上了大学，因此稻盛热切盼望就职赚钱，补贴家用。然而，现实冰冷无情，毕业即失业。走投无路，焦急之下，稻盛产生了加入暴力团的念头。

稻盛当时想，难道自己干过什么坏事吗？为什么老天不长眼，让自己这么倒霉？既然世道如此不公，穷人没有出路，毕业了还找不到工作，不如干脆加入暴力团，也不失为一条出路。比起这个世态炎凉的社会，暴力团不是更讲义气吗？自己力气不小，练过空手道，从小当"孩子王"，懂得聚拢人心，做一个知识型的暴力团成员或许更有出息。

稻盛后来回忆说，他曾经多次在鹿儿岛繁华街"小樱组"这一暴力团事务所的门口徘徊。当时，如果一脚跨进了暴力团的大门，自己就可能成为一个略有名气的黑帮头目，因为自己有一腔热情，也不缺少能力。但这是反社会的，如果误入歧途，自己的一生就毁了，说不定现在还在监狱里待着呢。当时的自己固然运气不佳，但一味怨天尤人，愤世嫉俗，人生也绝不会时来运转。虽然自己挫折不断，什么事情都不顺利，但老天不会总是不公，23岁以前或许多灾多难，但自己决不能泄气，只要不断努力，曙光一定会出现，人生必须有这样的信念。

鹿儿岛大学工学系主任竹下教授对这位得意门生的就业非常关心，经他出面斡旋，京都松风工业株式会社的技术部部长同意接纳稻盛，但有一个条件：稻盛必须从鹿儿岛大学无机化学系陶瓷专业获得毕业证书，因为松风工业是一个生产绝缘瓷瓶的企业，应聘者必须专业对口。

但是稻盛的专业是有机化学，这本不是他心仪的专业。稻盛高中毕业考大学的志愿本来是医药学，因为稻盛小时候染上了结核病，而他的两位叔叔、一位叔母都死于肺结核。叔叔、叔母因为缺乏有效的药物和必要的治疗而悲惨死亡的情景，在稻盛幼小的心灵中留下了不可磨灭的印象。这种印象催生了他的一个愿望，就是将来能够从事医药研究，亲手治愈那些受病魔折磨的可怜患者。

为了实现这个朴素的愿望，稻盛报考了大阪大学医学系的药物专业，很遗憾没有被录取，不得已才进了鹿儿岛大学工学系。考虑到有机化学同药物学比较接近，稻盛就选择了有机化学专业。

但是这时的就职条件是必须持有无机化学中的陶瓷专业的毕业证书，稻盛几乎绝望了。但想到若是错过这个机会就可能面对长期失业的痛苦，稻盛被一种深刻的危机感所笼罩。好在离正式毕业还有半年时间，为了就业，为了生存，稻盛毅然决定改变专业，他找到无机化学系的岛田教授，恳求岛田指导，准备相关的毕业论文。

正巧当时在鹿儿岛县的入来镇发现了一种黏土矿，于是稻盛就以"入来黏土诸种物理特性"为题，着手写论文。由于无机化学的学习必须从头开始，所以最后半年，稻盛全力以赴，奋起直追，放弃了全部休息日，夜以继日地潜心研究。作为付出了半年心血的结晶，稻盛的毕业论文有深度、有分量。在论文发表会上，受到了著名教授内野先生的赞赏。内野先生是学术界和实业界的权威，见多识广，他认为稻盛的论文以及论文背后的思想逻辑不亚于任何一位东京大学高才生的论文。这一评价让稻盛受宠若惊，增强了自信。这样，稻盛从"山重水复疑无路"的绝望中走出，看到了"柳暗花明又一村"，顺利进入了松风工业。

然而，稻盛的厄运还没有到头。稻盛在全体家庭成员的殷殷送别之中，欢天喜地、意气风发地从鹿儿岛踏上赴京都之路，胸有抱负，满怀希望，跨进了松风工业公司的大门。不料，现实又向他迎面泼来一盆冷水。

稻盛被领到职工宿舍，出现在他眼前的是一幢陈旧不堪，似乎随时都会倒塌的破房子。进屋一看，榻榻米破烂不堪，席草外翻，令人生厌。他怎么也没想到从学校进入社会，新的生活竟在这种破旧和冷清中开始。

宿舍是公司的缩影。松风工业从生产日用陶瓷到进军电力陶瓷行业，有过一时的辉煌。但时过境迁，因为在高压绝缘部品领域竞争失败，连续10年亏损，当时，企业已经资不抵债，处于银行托管之下，甚至连工资也经常拖延发放。而从银行派来的经营者又瞎改革，劳资关系变得十分紧张，工会①经常组织罢工，企业里一年到头"旗帜招展"。

同期入职的5个大学生碰到一起就发牢骚：我们怎么这么倒霉，

———————————

① 此处提到的日本企业中的工会组织，跟国内企业的工会性质是不同的。——编者注

进了这个破企业，赶快想办法跳槽。没过多久，那4名大学生就先后辞职了。稻盛也想离开，而且考上了一个待遇不错的自卫队的干部学校，报到时，需要老家把户口簿的复印件寄来。但他望眼欲穿，就是不见寄来。提交期限一过，稻盛只好放弃。事后追问父母，才得知是哥哥不赞成，哥哥很生气："家里人省吃俭用，培养了一个大学生，托竹下先生牵线，好不容易才进了公司，人家好歹给了你饭碗，你对公司做出了什么贡献？工作不到半年就要辞职，好意思吗？"

这样，同期入职的大学生只剩稻盛一人了。稻盛不禁悲从中来，不知自己的厄运何时是个尽头。

但他转念又想，究竟离开公司正确，还是留在公司正确？辞职转行到了新的岗位未必成功。有的人或许辞职后人生变得顺畅了，但也有人辞职后的人生更加悲惨；有的人留在公司努力奋斗，取得成功，人生美好，但有的人留任努力工作，人生还是很不如意。情况因人而异吧。"要辞职离开公司，总得有一个确凿的理由，要师出有名，只是笼统地感觉不满就辞职，那么今后的人生也未必就一帆风顺吧。"稻盛说，"而当时，我还找不到一个必须辞职的充分的理由，所以我决定先埋头工作。这个决断让我迎来了人生的转机。"

# 打工中转变命运

在走投无路的情况下，稻盛决定改变自己的心态。

稻盛想，自己既然改变不了周围的环境，那么就改变自己的想法和行动吧。总是发牢骚，说老板的坏话，骂社会不公平，怨家里穷，感叹自己命运不好，整天想这些负面的东西，除了让自己的情绪更加消极，没有任何意义。与其这样，还不如将年轻人的热情投入研究，先做好眼前的本职工作再说。

人是奇怪的动物，念头一变，心情就轻松了，稻盛还练过空手道，精力旺盛。他全身心投入了研究。杂念排除了，就很容易发现事物的真相。他的研究有了初步的成果，他也对研究产生了更大的兴趣。领导表扬他，到实验室来鼓励他，他更加有干劲，干脆把床被、锅碗搬进了实验室，夜以继日、废寝忘食地工作。经过一年时间的苦干，他的研究获得了重大的突破。

稻盛当时的研究任务是开发电子工业用的绝缘陶瓷。传统的电力用绝缘瓷瓶只在50赫兹的低频条件下适用，而电视机要几百万赫兹。开发高频绝缘材料，是当时的世界性课题。

而开发这种材料有一个技术难点，就是材料的成型。有一种矿物质，成分是氧化铝、氧化镁和氧化硅，它的微粉末纯度可达标，绝缘性能好，但很松脆，没有黏性，即使混入一定量黏土和水也难以成型。这个材料的纯度与黏性之间的矛盾，在当时是世界性难题。

一开始，稻盛也用各种配比的各种陶土，与这种矿物粉末混合，用各种压制方法做实验，反复实验，反复思考。每天用乳钵将材料粉碎混合，压制成型。可能想到的一切办法都试过了，都不理想。但是他无论如何非解决这个问题不可，不但上班时想，吃饭也想，走路也想，睡觉也想，持续不断地想，在这种精神状态下，不可思议的事情发生了。

有一天，夜深了，虽然不断做实验已经身心疲惫，但稻盛心里还在想，有没有不加黏土，而使材料成型的方法呢？这时候，不经意之间，他的脚被实验台下某个东西绊了一下。"怎么回事，哪个家伙把这个东西搁这地方！"稻盛无意识地骂了一句，低头一看，发现鞋子上沾上了一种滑腻腻的东西，把它拿起来仔细看，原来是提炼石油时得到的一块石蜡。稻盛一下子打了个激灵。"就是它！将它与干巴巴的微粉末混合的话，说不定会……"

稻盛找来一块薄铁板，敲成一个锅，放入石蜡，加热到60摄氏度熔化，然后加入矿物微粉末，像炒饭一样拌匀，冷却后放进模具压制成型。成型成功了，非常理想。烧制时石蜡挥发了，成品中不留任何杂质。那么令人头痛的问题，居然用这么简单的方法一下子解决了，稻盛先生将此事称为"神灵的私语"。

利用这项技术，用于电视机、收音机的高频绝缘材料首先被制造出来，最初批量生产的产品，是松下电器的电视机会用到的绝缘材料。

稻盛说："使用石蜡、树脂这类有机物帮助无机物成型，这种方法现在已是常识，但是，在全世界，当初第一个发现它的却是我。然而，当时我头脑里闪过的这种灵感，并非出于我个人的实力，在我偶然踩上石蜡的一刹那，是'神灵'给了我启示。'神灵'看到我日日夜夜、呕心沥血、苦苦钻研的样子，心有不忍，可怜我，故意让我绊跤，赐予了我最高的灵感，我想事情只能这样解释。"

这种材料同美国当时最负盛名的通用电气研究所一年前在全世界首先合成成功的材料，结构完全相同，但合成方法却完全不同，也就是说，稻盛的方法也是世界首创，而且竟可以同通用电气匹敌。

既无精密设备，又无理论指导，京都一家濒临破产的陶瓷企业，在一个简陋的实验室里，一个初出茅庐的大学生，还不是学这个专业的，赤手空拳，居然搞出了与世界超一流公司通用电气的产品媲美的科研成果。

有人说，这好比中彩票，是偶然的幸运。稻盛自己也认为这是偶然中的偶然，这种极小概率的好运，以后再也不可能有第二次。

然而，让人难以置信的是，这样的灵感，这种灵感带来的幸运，之后竟然接二连三地出现。

出身贫困，升学失利，罹患结核，遭遇战争，就职无门，跳槽不成……多灾多难的青少年时代，到此终于告一段落。从发明新材料、开发新产品起，稻盛的工作和人生开始迎来转机，进入良性循环。这种良性循环不仅开始改变他的命运，而且让他开始隐隐约约地意识到，有一种非常重要的、类似人生观的东西在他心里萌动。

## 孕育哲学

这个类似人生观的东西是什么呢？用一句话来表达，就是心态决定人生。或者说，人生就是心中描绘的状态在现实中的写照。

这个结论，主要来源于稻盛自己亲身经历的两件事情：一件是反面的教训，一件是正面的经验。

稻盛在12岁时染上了肺结核，在当时，肺结核是不治之症。他还目睹了叔叔、叔母因患结核病在家中死去的情景。染上结核病，低烧不退，躺在床上，稻盛心中充满了不安和恐惧。这时邻居大婶借给他一本带有宗教哲理性质的书。一个12岁的孩子本来不会去读这种书，但在面临死神威胁的特殊时刻，稻盛犹如抓住了救命稻草一般，贪婪地阅读，认真对照思考。

书中有这样一句话：“我们心底有吸引灾难的磁石，它会从外界吸引疾病、失业、刀枪等。”

当时还是孩子的稻盛读到这话，感到非常困惑，他想“我的内心并没有呼唤结核病的到来”。但是，稻盛看到，自己的父亲作为长兄，对患病的弟弟、弟媳精心护理。父亲满怀着大爱，不顾自己的安危，尽心尽力照料病人到最终。虽然他一直与患者近距离接触，却始终没有受到感染。另外，稻盛的哥哥对结核病毫不介意，结果也安然无恙，别的弟弟妹妹也没受影响。而自己呢？自己对结核病怀着深深的恐惧，忐忑不安，一味厌恶，刻意躲避，以至于在路过叔叔房门口时，捏紧鼻子，飞奔而过。

在与父亲和家人的对比中，在书籍的启示下，稻盛的认识产生了飞跃。他说：“正是自己这种只考虑个人安危的、虚弱的、卑怯的心灵，招致了结核病菌的侵蚀。”①

---

① 稻盛认为“相由心生，境随心转”，即人生中的一切事物都由我们的内心所塑造，内心的想法可以影响和改变我们周围的环境。传染病必须预防，但人的心态很重要。——编者注

这是何等深刻、何等猛烈的反省啊！而这样的反省居然发生在稻盛这样一个年仅12岁的孩子身上。

另一件事情就是上述的，稻盛大学毕业之后遇到的就职困难。经人介绍，好不容易入职的松风工业公司，在第二次世界大战（后文简称二战）后持续亏本，领导内讧，工人罢工，工资拖延发放。在这种情况下，稻盛发牢骚，说怪话，差不多半年中一事无成。

既然继续发牢骚也无济于事，稻盛一改怨天尤人的情绪，全身心投入领导分配给他的研究工作中。因为排除了杂念，心纯见真，他的研究就有了成果。一有成果，他就来了兴趣，于是更加努力，于是成果更大……稻盛的人生从此进入了良性循环，不久他就有了重大的发明，接着，把发明成果商品化的努力也获得了成功。

从一事无成到不断成功，从山穷水尽到柳暗花明，这种急剧的、不可思议的变化究竟是怎么产生的呢？

稻盛还是原来的稻盛，他的智商没有也不可能提升，他的能力也说不上有多大的提高。另外，那个企业还是一个亏损的企业，工人照样罢工，工资依然迟发，工作环境也没有丝毫变化。唯一改变的，仅仅是稻盛自己的心态。心态一变，行动随之改变，结果人生就发生了戏剧性的变化，稻盛的前景一片光明。反面的教训和正面的经验得出了相同的结论：心态决定人生。

当时，指导松风工业产品出口的一位大人物——三井物产的吉田先生，看到该企业别的部门死气沉沉，唯有稻盛领导的特磁科热火朝天，觉得很奇怪。他在东京大学的同窗好友，鹿儿岛大学著名教授内野先生经常在吉田面前夸奖稻盛。一次，吉田先生来松风工业指导工作时，约见了稻盛，在静静地听取了稻盛重建公司的种种意见以及背后的思想后，吉田先生大为感动，他大声说道："才二十几岁，年轻人，真不简单，你已经有了自己的Philosophy。"稻盛当时不知道"Philosophy"是什么意思，回到宿舍一翻辞典，原来"Philosophy"就是"哲学、信念"。那个瞬间，稻盛心中不由自主地一阵颤动。哲学后来成了稻盛人生的一个关键词。

## 辞职创业

内野先生和吉田先生都是伯乐，初次相逢就看出了稻盛这匹千里马的价值。可惜世间伯乐并不多。稻盛虽然被提拔为特磁科科长，并提出了企业从电力陶瓷向电子陶瓷转型的战略，但却无法获得上司的认同。

为了不中断对客户松下电器的供货，稻盛领导特磁科拒绝罢工，并训斥了个别经常旷工的员工，因而受到工会少数激进分子的围攻。

另外，一些毕业于名牌大学的老资格的技术干部认为，企业能维持到现在，都是他们的功劳。稻盛是一个地方大学的毕业生，仅仅4年，在电子陶瓷领域就做出了成果，说明这项工作并不困难。他们要求由自己来领导研究和开发，稻盛只要做新产品的试制，做好配角就行了。他们低估了稻盛的能力和功劳，还想剥夺他从事开发工作的权利。只在形式上破格提拔稻盛为第二陶瓷科科长，算是一种平衡。这让稻盛怒不可遏。这些人在常规的电力陶瓷领域一败涂地，又把发明创造看得那么简单。如果向他们让步，不仅公司发展受阻，自己和自己的部下也未免太可怜了。稻盛提交了辞呈。经公司领导再三挽留，特别是一位与稻盛要好的车间主任苦苦劝说，稻盛才暂时留了下来。

当时，美国与日本之间有一个建立微波通信网络的计划。与美国通用电气公司合作的日本日立制作所，将计划中的陶瓷真空管的试制任务交给了松风工业的稻盛和夫。稻盛满怀信心地投入研究开发。但日立提出的标准很高，好不容易做出的样品，对方总不认可。但稻盛愈挫愈奋，越是失败就越燃起他的斗志。

但是，新来的技术部部长见新产品开发迟迟未能成功，就对稻盛说："对不起，你的能力已经到了极限，不必再勉强了，你就撒手，让别人来干吧！公司里可有许多比你更优秀的、名牌大学毕业的技术人员呢。"

这话如当头一棒，给了稻盛猛烈的刺激，这明显是对出身地方大学的自己的蔑视，是对自己的工作乃至人格的否定。稻盛沉默片刻，控制住自己的情绪，说："那好，你就请他们干吧，我辞职，现在就辞。"

在一个工作条件恶劣、面临破产的公司里，稻盛怀着梦想，不计报酬，废寝忘食、夜以继日地拼命工作，公司居然熟视无睹，也没人愿意去理解这位年轻人的心情。在既不值得信任也不值得尊敬的人手下工作，实在是难以忍受。

听说稻盛要走，社长赶紧来挽留，在一家著名餐馆请稻盛吃饭："不要辞职了，部长不是那个意思。"稻盛的答复很干脆："对不起，我已经不想在这里干了。大丈夫一言既出，驷马难追。"最后，为了便于交接，稻盛答应做到年底再走。

辞职后有一条出路，就是去巴基斯坦。一年前，有一位巴基斯坦大型瓷瓶企业老板的公子在松风工业实习，他请稻盛为他们的工厂设计并制造了一台高效的隧道式电炉。他对稻盛的能力和人品佩服得五体投地。他提出可以用10倍高薪聘请稻盛去他的工厂当厂长。这个薪资，以及通过巴基斯坦去美国学习的可能性，让稻盛怦然心动。但在征求恩师内野先生的意见时，内野坚决反对："那怎么行！不能去巴基斯坦卖技术。技术进步日新月异，你去巴基斯坦工作几年，再回国时你的技术就会落后，到时后悔莫及。"恩师的忠告让稻盛打消了去巴基斯坦的念头。

这时，一位从银行派到松风工业担任常务董事的人听说稻盛已经递交辞呈，就找到稻盛说："你就自己办一家特殊陶瓷公司吧，我来帮你找出资人。"他看好稻盛，看好特殊陶瓷的发展前景。他又是银行的人，认识许多老板。他的主动提议，让稻盛喜出望外。

听说稻盛要辞职，特磁科的同事伊藤、浜本等人晚上都聚到稻盛宿舍，异口同声："我也不干了，我跟稻盛君走。""我早就想辞职了，就是因为稻盛在这里，我才没有走。"

稻盛把几个靠谱的下属约到小酒馆，明说了准备成立公司的计划。"哪怕计划失败，我们就是打零工，也会支持你把研究工作进行下去。"肝胆相照的同事说出这样的肺腑之言，让稻盛既开心又感动。

创立新公司一事就这样决定了。在稻盛只有6个榻榻米的宿舍里，7位从松风工业辞职的同志聚在一起，年龄最大的稻盛26岁，年龄最小的伊藤只有21岁，都是血气方刚的青年，简陋的房间里气氛火热。

虽然决定创立公司，但公司前景如何，谁也说不准。为了把大家的决心凝聚起来，稻盛提议大家以血印明志，众人一齐附和。于是写下如下誓言：

"我们能力有限，但我们决心团结一致，拼命奋斗，为社会和世人做贡献。在此我们按血印明志。"

稻盛带头割破自己的小手指，在宣誓书上按下血印，并告诫大家切口不要太深，以免恢复期太长，影响工作。

事情进展到这一步，稻盛踌躇满志，准备大干一场。然而，事情突然被叫停，因为资金和投资人没有落实。前面提到的那位从银行来的常务董事，他提议稻盛办公司并主动寻找出资人的事情，不久就告吹了。

1958年，日本经济仍然不景气。这位常务董事熟悉的都是京都做和服的老板，他们对特殊陶瓷一无所知。同时，要拿出几百万日元，投资给一个素不相识的年轻人，他们不愿承担这个风险。另外，在深入交谈后，稻盛发现这位常务董事有通过介绍投资获利的动机。于是，稻盛主动断绝了与他的关系。

出资人不落实，事情一下子就回到了原点，公司成立不起来，一切无从谈起，连血印也白按了。在这紧要关头，松风工业的前技术部部长青山政次挺身而出。

其实，在松风工业，最了解稻盛的人就是前技术部部长青山。青山是稻盛进公司时的面试人，青山早就看出稻盛是一个超级"自燃型"的人，只要给他一个舞台，他就能演出一场大戏。青山认定，稻盛是一个天生的领导者，"在稻盛上面不可以配人"。当时，青山因为与新社长意见不合，在办公室里无所事事。这时，公司派他代替稻盛去巴基斯坦，安装稻盛设计的隧道式电炉。巴基斯坦方面仍然执着地想通过青山说服稻盛赴巴工作。青山回国后，知道稻盛准备创业，也不好再提去巴基斯坦的事。这时，稻盛礼节性地问了一句："我们正在筹办公司，您愿意参与吗？"

不料，这一问，竟然意外地问出了一个新天地。据青山后来回忆，稻盛准备创立公司，青山并非新公司不可或缺的人物。稻盛不过是礼节性地问了一句而已。如果当时稻盛不问,青山自己也不会主动要求参与。可因为这一问,才有了后续的大文章。

青山不仅眼光精准,而且他认为自己一定可以找到可靠的投资人。

青山找的是他在京都大学工学部的同窗、时任宫木电机公司专务董事的西枝一江和常务董事交川有两位先生。开始时交川先生抱有疑惑:"不论稻盛这个青年多么优秀,一个二十六七岁的毛头小伙子,能成何事?青山你是不是太轻率了?"

西枝也有疑虑,他说:"即使办一家买进卖出的商业型企业也不是件容易的事,何况是要使用复杂技术的生产型企业,而且是以研发为中心的技术型企业,难度太大了。青山你说得简单,但成功的可能性微乎其微。"

但青山韧劲十足,不屈不挠,一遍又一遍游说,讲新型陶瓷如何前景广阔,稻盛这个小青年如何与众不同。青山带着稻盛拜访西枝和交川,并请他俩参观了向松下供货的特磁科的生产现场。禁不住青山的热忱和坚持,西枝和交川决定向宫木社长汇报。宫木社长德高望重，且他自己就是一个技术型企业的创业者，对这件事比较理解。

最后宫木社长等人决定出资成立京都陶瓷株式会社。资本金300万日元，其中现金出资200万日元，技术出资100万日元。

现金出资的200万日元中：

宫木男也　60万日元

西枝一江　40万日元

交川有　30万日元

其余70万日元，由宫木电机等另外5位董事出资。

技术出资的100万日元中：

青山政次　35万日元

稻盛和夫　30万日元

其余35万日元，由伊藤谦介等7名干部持有，每人5万日元。

稻盛和夫获1/10股权。

公司由宫木兼任社长，青山任专务董事，稻盛任董事兼技术部部长，实际经营则全权委托稻盛。公司暂借宫木电机空置的仓库作厂房。

稻盛感叹说："宫木、西枝、交川，这些'明治汉子'身上的豪气让我钦佩不已，感激不尽，他们给了我一个机会，让我的技术得以问世。"

公司成立，稻盛有了用武之地，但在我看来，正是因为稻盛这位年少的"昭和汉子"英气逼人，这才吸引了他们慷慨解囊。

西枝先生作为新公司的出资人之一，还以自家房屋作抵押从银行贷款1000万日元，帮助解决新公司流动资金不足的问题。西枝征求夫人意见时说："有个叫稻盛的年轻技术员想办公司，见面后，我发现这个年轻人很了不起，非同寻常。我很想在资金方面助他一臂之力，但现在我们没钱，我想用家里的房子担保从银行贷款。但万一这个公司倒闭，我们的房子会被银行收走。"他夫人说："一个中年男子居然被一个青年男子迷住，太少见、太难得了。既然你为他倾倒，那即使失败也是遂愿啊。"

1958年12月13日，稻盛正式从松风工业辞职，第二天就与在松风工业时的下属须永朝子女士结婚。婚礼在京都市政厅的一个房间里举行，除双方亲戚外，只有几位在松风时的同事出席，婚宴简朴，只提供了咖啡和蛋糕。把与家庭生活有关的事情托付给妻子后，稻盛全身心投入新公司的筹建以及日后的经营中。

1959年4月1日，在京都市中京区西京原町，宫木电机公司的一幢木造两层小楼内，京都陶瓷公司宣告成立，员工28名。

## 京瓷公司

在公司宣告成立当晚的恳亲宴会上，稻盛就向员工们畅谈愿景："让我们拼命干吧！虽然我们现在只是一个小微企业，甚至还要租借宫木电机的仓库开业，但我们要创造一个卓越的公司，首先要成为西京原町第一的企业；成为西京原町第一以后，就要瞄准中京区第一；成为中京区第一以后，目标是京都第一；实现了京都第一，再就是日本第一；成为日本第一后，当然就要成为世界第一。"连稻盛自己也觉得这好比痴人说梦一样。但描绘宏伟的蓝图，稻盛并不是毫无底气。

首先，精密陶瓷蕴藏着巨大的可能性；另外，稻盛从小就是"孩子王"，懂得聚拢人心；卖纸袋的成功显示出他的商业天赋；大学毕业论文受到著名教授的赞赏，证明其研究能力；开发新材料镁橄榄石，顺利开发新产品，并在商品化量产上一举成功，证明其技术实力；松风工业整体冷冷清清，但他领导的特磁科则热火朝天、如火如荼，甚至在罢工风潮中，特磁科也岿然不动，坚持生产，显示出稻盛在企业的危难关头凝聚团队的能力；特别是他才二十几岁，就具备了自己的哲学理念，也就是具备了指引他不断前行的明灯，这简直独具一格；还有值得尊敬的恩人、恩师的无私援助；创业伙伴的赤胆忠心；员工们不知疲倦的努力……稻盛说："每晚加班到深夜，厂门口总有叫卖面条的小贩应时而来，我和员工们总是边吃夜宵，边说未来的梦想，那情景至今历历在目。"

京瓷创业之初，日本陶瓷行业就已经有两家巨头，规模是京瓷的千倍以上。比如，日本特殊陶业公司生产汽车发动机点火装置，当时已成世界性的企业。而且日本大型电器电机厂家只从自己的关联子公司采购陶瓷零件。在这种情况下，京瓷要生存发展，只有创新这一条路。参观京瓷的产品馆，我们可以看到，京瓷数不胜数的产品几乎全部是创新的，其中不少是划时代的新产品。

例如，集成电路的陶瓷封装，就是将多层、最高20层芯片叠加在一起，烧结成产品，技术难度极高。稻盛带领8位技术人员吃睡在厂3个月，不分昼夜，绞尽脑汁，人人灵感如泉涌。当制作成功的样品拿到美国客商面前时，他们眼前一亮。不久，硅谷的商家蜂拥而至。为了满足客户的急需，京瓷在鹿儿岛的川内市快速建设了专门工厂。据说，没有京瓷的川内工厂，就没有美国硅谷的繁荣。京瓷的半导体封装席卷美国，趁着这个势头，京瓷的股价异军突起，超越索尼，荣登日本第一。当时，美国国防部忧心忡忡，因为包括战斧巡航导弹在内，美国尖端武器中都需要京瓷的半导体封装。如果美日关系生变，美国的国防安全就有隐患；另外，美国客户也提心吊胆，因为需要京瓷的封装，所以他们设计的集成电路的秘密，京瓷全都知晓。但稻盛宣布，京瓷只为客户提供相应的封装产品，绝不与客户竞争；当时美国通用电气公司的杰克·韦尔奇也看出了精密陶瓷行业前途无量，于是投入重金购买设备、引进人才，准备与京瓷一决胜负，结果惨败。韦尔奇访问日本，见到稻盛时曾当面认输。

1979年，当时85岁的松下幸之助与47岁的稻盛和夫有过一次对谈。一开头，松下就夸奖稻盛说："您的行动总是领先一步，您总是开拓前进。而一般的企业只是与时俱进，甚至落后一步。贵公司是自动开展事业，而我们的经营流于平凡。这就是我们之间的差别。"

京瓷公司创新当头，用百米赛的速度跑马拉松，发展迅猛，创业第十二年就成功上市，在陶瓷行业很快名列世界第一。企业销售利润率最高时逼近40%，这在制造业是罕见的。在发展过程中，京瓷吸收合并的计算器厂、通信机器厂、复印机厂、光学材料厂、有机化工材料厂乃至大型电容器AVX公司，都在短短一两年内扭亏为盈，并成长为高收益企业，无一例外。作为零部件企业，京瓷还曾挤进世界500强，这也是闻所未闻的。

更为可贵的是，自1959年创立起，到2022年的63年间，哪怕在历次经济危机中，京瓷也从未解雇过一名员工。更让人惊奇的是，在长达63年的经营中，京瓷从未出现过一次赤字，直到今年（2023年），虽然利润率有所下降，但企业利润还是创了历史新高。

稻盛说："很多人评论京瓷之所以成功，是因为京瓷具备先进的技术，是因为京瓷赶上了潮流。但我认为绝非如此。我认为京瓷之所以成功，是因为京瓷拥有正确的经营哲学，全体干部、员工都理解和接受这种哲学，把这种哲学变成自己的东西，在此基础之上，大家团结一致，共同付出'不亚于任何人的努力'。获得成功后，不失谦虚之心，继续努力，不断获取更大的成功。我认为京瓷成功的原因就在这里，除此之外，没有别的原因。"

## 盛和塾

稻盛1959年创建京瓷，京瓷公司1971年上市，1975年公司股价为3810日元，雄踞日本第一。

京瓷规模不算很大，但利润率高，增长势头强劲。而接受媒体采访时，稻盛别具一格，与众不同，他从不对所谓的战略战术夸夸其谈，他强调提高心性，拓展经营。这在全世界的经营者中屈指可数。

当时，京都有一个名为"青年经营塾"的学习型组织。因为稻盛和夫是企业界一颗冉冉升起的明星，所以该经营塾想邀请稻盛做一次讲演。但稻盛全身心埋头于京瓷的经营，无暇参与企业界的活动。尽管他与当时的京都商工会议所会长、著名女性内衣品牌华歌尔的创始人冢本幸一私交很深，但连冢本先生也认为自己请不动稻盛。但青年经营塾的干事建野先生不屈不挠，他千方百计，找到了在京瓷秘书室工作的稻盛的妻弟传递信息，终于获得许可，去京瓷与稻盛会面。

刚见面，稻盛开门见山，一开口就说："有什么要紧事，请讲！"建野介绍了青年经营塾的宗旨，向稻盛提出了讲课的邀请。建野采用激将法，他说："请您来讲课，您也可以趁机了解我们这些青年企业家的想法，这对稻盛社长您来说，不也是一种学习吗？"

稻盛听罢大怒："你们那一套，为何值得我学习？来邀请我，却说我要向你们学习，真是一个不懂礼貌的家伙！"

京都有众多的百年企业，许多中小企业家也有自己的那份自负，包括建野在内，无意中会流露出小小的傲慢。

不过，建野邀请稻盛是真心诚意的。他很有韧性，软磨硬泡，终于说动了稻盛。

青年经营塾精心挑选了25位热衷于学习的经营者来听稻盛的首

次讲演。稻盛的讲话震撼了大家的灵魂，反响异常热烈。这么精彩的讲演，这么少的人听，太可惜了。在稻盛的认可之下，听者决定成立"京都盛友塾"。经口口相传，盛友塾很快向周边发展，特别是大阪府的矢崎胜彦、稻田二千武两位加入以后，现场气氛更加活跃。这两人的企业都有一定规模，他俩的点子又多，呼应稻盛，如鱼得水。

讲课者意气风发，听课者全神贯注。关于稻盛的非凡魅力，稻田二千武先生曾经对我这样描述："第一次见到稻盛，做了自我介绍，他对我的经营做了指点，然后听他的讲演，那是我有生以来从未体验过的震撼和激动，我就像着了迷一样。这是很难用语言来表达、很难用道理来说清的一种感觉。"

1988年11月，矢崎提出建议，盛友塾改名为盛和塾，取事业隆盛的"盛"，人德和合的"和"两个字，而"盛和"两字又与"稻盛和夫"这个名字的中间两个字一致。因为这个统一的名称有利于向全国扩展，所以获得了大家一致的赞同。

在盛和塾正式成立时，稻盛提出一要造势，二要赋予大义，三要明确目标，四要透彻思考。

一要造势。就是燃起热情。由稻盛和塾生企业家共同造势。

二要赋予大义。稻盛认为，能够引领日本社会前进的，主要就是创造财富的企业经营者。经营者掌握利他的经营哲学，提高心性，拓展经营，对于日本、对于世界，都具有重大意义。盛和塾的宗旨规定：通过学习、实践稻盛和夫塾长的人生哲学、经营哲学和企业家精神之真髓，通过塾生间的互相切磋、互相交流，追求事业之隆盛与人德之和合，努力成为下一代经济界的肩负者，成为国际社会认同的模范企业家。

三要明确目标。20年，100个分塾，5000名塾生。这个目标后来基本上达成了。不过，在制定目标的阶段，他们没有想到中国的盛和塾居然能后来居上。

四要透彻思考。在盛和塾这件事情上，稻盛除了自己思考，还成立了理事会和事务局，借用塾生企业家的智慧。塾长例会（每月一次）、全国大会、世界大会、经营问答等活动，顺势展开。稻盛在盛和塾有近300次讲演，极大地丰富了稻盛哲学的内容。

在2006年6月出版的拙作《稻盛和夫的成功方程式》一书的引言

中，我写道："现在盛和塾在日本和海外共有分塾70个，塾生7000多人，其中有不少优等生，有100多位塾生的企业股票已先后上市。不仅日本国内每次'盛和塾塾长例会'有数百名甚至上千名塾生参加，而且当稻盛先生到美国、巴西、中国参加有关活动时，也常有数百名塾生企业家像追星一样，跟随左右。这么多的企业家，这么长的时间内，追随稻盛和夫这个人，把他作为自己经营和人生的楷模，这一现象，古今中外罕见，我称之为'盛和塾现象'。"

盛和塾后来发展到15 000多人，除日本之外，还发展到巴西、美国、中国等地。现在中国盛和塾人数已经超过20 000人。

# 京都奖

俗话说"无利不商"。但商人经商获利，同公务员上班领工资，教师上课拿报酬一样，无可非议，没有高低贵贱之分。不过"君子爱财"必须"取之有道"。君子之财不但应该"取之有道"，而且应该"用之有道"。

因为稻盛在精密陶瓷领域有许多划时代的发明创造，1981年稻盛获得了"伴纪念奖"。这是东京理科大学的教授伴五纪先生以自己的专利收入设立的一个奖项。稻盛喜滋滋地前去领奖，但领奖时却感到满心羞愧。他意识到，与伴教授相比，自己不应是奖项的领受者，更应是授予者。

在多位有识之士的支持和协助下，1984年稻盛先生52岁时，决定用他的个人财产设立"京都奖",每年一次,表彰世界范围内在尖端技术、基础科学和思想艺术这3个领域有杰出贡献的专家各一人。

每年11月10日,在红叶灿烂的时刻,在京都国际会馆召开隆重的颁奖仪式,除颁发镶嵌红、绿宝石的金质奖章外,每人还可获5000万日元的奖金(当时约合50万美元)。这个奖金金额同当时的诺贝尔奖一样。后来诺贝尔奖的奖金金额提高了,为了尊重诺贝尔奖的历史地位,京都奖没有立即随之提升奖金金额。京都奖这个奖项已持续了38年,现在奖金提高到1亿日元。

京都奖的入选者不但要有优异的业绩,而且要有高尚的人格。选拔需经历多个严格的审查环节,迄今为止的100多位获奖者从来没有引发过争议,这是罕见且非常难得的。有的人在荣获京都奖之后不久,又获得了诺贝尔奖,因此京都奖又被称为"亚洲的诺贝尔奖"。

稻盛希望通过京都奖,帮助许多默默奉献的研究者,同时,使人类的科学文明和精神文明趋向平衡,期望人类社会能够构建起新的、更加美好的哲学规范。

2003年，稻盛先生又用个人财产建立了"稻盛福祉会"和"稻盛福祉财团"，为出身贫困、遭遇不幸的儿童提供帮助。稻盛先生所做的各种社会公益活动还有许多。

稻盛先生说，京瓷公司是在社会各方的支持下发展起来的："我一直认为我的财产是社会委托我保管的，所以总想让我的财产回报社会，为民众而用。"

稻盛先生是一个修行的人，个人生活极为简朴，出差时常常吃普通的牛肉盖浇饭（牛丼）。步入老年后，每月和儿孙们聚会一次，也只是去普通的饭馆，吃普通的饭菜。他认为生活上追求奢侈的心理非常可怕。个人财产决不用于私利私欲，绝大部分还给社会，这是他的既定方针，也是"稻盛哲学"的具体体现。

我曾多次应邀出席京都奖颁奖仪式和祝贺晚宴。2007年首次参会后，我写的《京都奖有感》一文被刊登在《京瓷报》上。我这样描述现场的氛围，抒发我的感想。

京都市交响乐团的演奏高雅而雄壮。具有33年历史的圣母学院小学的孩子们的合唱声音嘹亮，他们盛装华服，传递日本传统文化的节目《能·羽衣》华丽而精致。会场的布置，会议的程序，获奖者的感言，现场的气氛，各种细节安排，隆重而且完美。这些同"京都奖"的高尚理念对应且融合。

日本皇室代表、"京都奖"名誉总裁出席了颁奖仪式和晚宴，德国总统、日本首相发来了贺电，日本各界社会名流以及经济界人士共1200人出席了会议。

稻盛先生用经过千辛万苦获得的个人财产设立稻盛财团，发放巨额奖金，这体现了稻盛先生利人利世的美好愿望，表达了稻盛先生为解决人类科学文明的高速发展与人类精神文明相对滞后之间的矛盾助一臂之力的崇高理念。23年来，"京都奖"的影响在逐渐扩大。

然而，"京都奖"在中国很少有人知道。虽然做好事不张扬是东方人的美德，但知名度不高是一个值得正视的问题。科技进步、经济发展与人的精神道德的衰退或停滞，是当今世界的一个尖锐而深刻的矛盾，"京都奖"的理念、稻盛哲学就是解决这一矛盾最有力的武器。但因为知道的人太少，这个武器远远没有发挥它应有的威力。

我们应设法更有效地宣传"京都奖"及其理念，宣传稻盛的利他哲学。稻盛哲学超越了稻盛先生个人，超越了京瓷公司，超越了京都这个城市乃至日本这个国家，稻盛哲学应该成为全人类共同的精神财富。我认为，如果稻盛的利他哲学能在中国乃至世界范围内顺利传播并为世人所接受，成为人类的主流价值观，那么人类就能更快地提升自身的素质，人和人、人和自然的关系将更加和谐协调，这个世界将变得更加美好，稻盛先生对于世界的贡献将永远留在人类的史册上。

# 第二电电

日本在自明治维新以来的100多年中，电信市场一直由日本的国营企业电信电话公社（电电公社）一家独占，因为缺乏竞争，通信费用昂贵，竟是美国的9至10倍。在企业界的催逼之下，日本政府决定打破垄断，实行改革，让电电公社民营化，正式改名为日本电信电话公司（NTT），并准备将其拆分，同时允许别的民营企业参与通信事业。

然而，日本的大企业全都按兵不动。因为NTT是日本第一大企业，通信线路铺设到全国各个角落。作为通信领域的外行，与实力强大的NTT对抗，风险实在太大了。

见到这种局面，稻盛大失所望。他心想：既然大企业畏首畏尾，那么就让我来试试吧！在这关键时刻，自己理应挺身而出，为降低国民的通信费用而努力。

京瓷当时的年销售额只有2200亿日元，员工不过11 000人，要向销售额超过45 000亿日元、员工将近33万名的巨人NTT发起正面挑战，未免势单力薄。

但信息化时代正在逼近，日本的通信行业已经落伍于世界潮流。稻盛从两个方面做参与的准备。一方面，召集相关专家讨论对策；另一方面，把重点放在追问自己参与通信事业的动机上。因为他深知，参与这种国家规模的事业，如果领导者有私心，事业必定失败。

"我投身通信事业，真的是为了民众的利益吗？我的动机纯粹吗？真的没有一点儿私心吗？不是为了自己赚钱吗？不是想出风头吧？是为了青史留名吗？"整整半年，稻盛每晚都逼问自己。最后，"敢向天地神明宣誓，没有一丝杂念。"稻盛确认自己"动机至善，私心了无"之后，这才设立"第二电电"，正式宣布参与通信事业。

这不是堂吉诃德挑战风车——不自量力吗？舆论一片讥讽之声。

看到京瓷这样的"小不点"也敢出面挑战，日本的国铁集团，以及丰田汽车及其背后的道路公团，也宣布加入竞争。这两家公司分别利用铁路沿线和高速公路沿线铺设光缆，很快形成通信网络。而以京瓷为中心的第二电电没有任何基础设施。不提NTT，就是与这两家新公司相比，第二电电也处于绝对的劣势。

置之死地而后生。第二电电的员工们憋着一口气，为开辟微波通信网络，在高山山顶建铁塔、架设大型抛物面天线，不顾酷暑和严寒，用与竞争对手沿铁路和公路铺设光缆的简单作业相同的速度，完成了基础设施的建设。

业务开张一年后，在3家新电信公司中，第二电电一枝独秀，业绩遥遥领先，后来又合并了以丰田为首的高速通信公司等两家企业，组成KDDI集团。KDDI高歌猛进，不久就进入了世界500强的行列。

稻盛在参与通信事业以及后来的手机事业时，内外皆是一片反对之声，但是，稻盛力排众议，因为他心纯见真，他对日本通信乃至手机事业前景的预测，与若干年后发生的事实相对照，几乎分毫不差，惊得第二电电的有关部长目瞪口呆："这简直是神灵附身！"

稻盛说，与创建京瓷相比，创立并运行第二电电其实非常轻松，因为这时候他的哲学已经炉火纯青。稻盛说："在通信领域，我没有知识，没有技术，没有经验，一无所有。如果我在这个领域内挥动令旗，取得成功，就能证明稻盛哲学的威力。仅仅依靠稻盛哲学，真的能够成就这么巨大的事业吗？设立第二电电，以自己的后半生进行挑战，就是为了证明这一点，证明稻盛哲学这个唯一武器的力量。"

在这之前，在京瓷内部的恳亲酒会上，有的干部当面对稻盛说："稻盛社长，您开口哲学、闭口哲学，现在京瓷业绩骄人，难道不是依靠我们的技术，成功开发了新产品、开拓了新市场的结果吗？您的哲学究竟有什么用呢？"

稻盛回答说："无论我怎么强调我的哲学的重要性，你们都不相信，那么好吧，我要挑战通信事业，在这个领域，我没有技术，没有任何资源，有的仅仅是我的哲学。如果挑战失败，那就证明我的哲学确实没用。如果挑战成功，你就得重新思考哲学的力量，请你拭目以待吧。"

结果，第二电电很快取得了卓越的成功。

在第二电电上市前，稻盛力劝干部员工持股，上市后他们都收获丰厚。但作为创业会长，后来还兼任社长的稻盛，却一股未持，稻盛彻底兑现了他"动机至善、私心了无"的承诺。

# 佛门修行①

"您为什么在65岁时突然投入佛门？"当中国中央电视台《对话》栏目主持人提出这个问题时，稻盛笑着说："我可不是因为失恋。"当然稻盛也不是因为事业或人生遭受了挫折；或者烦恼缠身，想要解脱；或者因为做过什么坏事，需要忏悔或赎罪。

为什么晚年要进佛门修行？为什么选择禅宗？稻盛是这么解释的：自己本来打算60岁时就退出经营一线，但因为第二电电刚刚设立，责任重大，实在脱不了身，这才延迟到65岁。他看到许多大企业的创业者，还有某些大银行的职业经理，执着于

---

① 　稻盛认为，佛教是他的一种精神寄托，也是他的哲学理念的最后归宿。——编者注

自己的地位，到了70岁、80岁甚至90岁还要挂个顾问之类的头衔，在企业里占着办公室，拥有专车。他们依仗过去的功劳，又自以为经验丰富，头脑仍清晰，可以发挥余热，因而不愿退出企业经营。有的企业里，"顾问"有好几代，弄得现任的会长、社长很为难。稻盛对这种老而不退的倾向深恶痛绝，斥之为老丑老害。自己等时间一到，立即退休，决不恋栈。稻盛甚至在当京瓷会长时，就把有关工作都委托给了后继的社长，对现实的经营不再插手。同时，这么做也是为了培养接班人，让后继者在经营的风浪中摸爬滚打，承担责任，得到锤炼。

退休以后干什么呢？进佛门修行是稻盛的一个夙愿。稻盛说，自己因为父母信仰佛教，从小耳濡目染，对佛教没有抵触情绪。而12岁时患上肺结核，佛教思想又给了他深刻的影响。

稻盛对人生目的的定义是净化灵魂，净化被污染过的灵魂。他认为，经历人生的风浪，顺利和挫折，成功和失败，都是磨炼灵魂。而退休后，他希望通过佛门修行，进一步净化自己的灵魂。

那么，既然父母信仰净土宗，相信念佛就能去极乐世界，为什么稻盛却选择禅宗呢？

原因之一是，京都圆福寺长老西片担雪修习的是禅宗（临济宗），他和稻盛是好友，二人非常投缘。原因之二是，稻盛认为，不仅是佛教，所有宗教都有两个侧面。一个是信仰的侧面，就是信仰神佛，忠实侍奉神佛，以求救赎；另一个是修心的侧面，就是说自己的幸福或不幸不是神佛授予的，而是由自己心灵的状态决定的。而禅宗对心灵的探究最为深入。稻盛一向认为，人生的目的在于净化心灵。所以他想学习和研究禅宗。

据说，释迦牟尼开悟的过程无以名状，它的精义用文字无法表达，所以禅宗不立文字，全凭自己在身体力行的过程中心领神会。稻盛就想获得这种切身的体验。

稻盛在圆福寺落发为僧，承诺接受十条戒律。他凌晨三点起床，晚上九点就寝，吃简单的素食，打坐，读经，扫除，不顾切除了三分之二胃后虚弱的身体，外出托钵化缘，到街头向路人讲经说法。凡是僧人修行的内容，他悉数体验了。除了在圆福寺严格修行的几天，稻盛主要在家坐禅，诵读白隐禅师的《坐禅和赞》。

有一次与稻盛共进早餐时，我提到《坐禅和赞》，稻盛马上即兴背诵了开头几句，同时也是我最喜欢的一段。

众生本来佛，恰如水与冰。

离水则无冰，众生外无佛。

不知佛在身，去向远方求。

好比水中居，却嚷口中渴。

我曾问稻盛，在圆福寺修行时有没有开悟的感觉？他笑着说没有。后来，我也在圆福寺认真修行了3天，当然，更没有所谓的开悟的感觉。

在修行期间，让稻盛接近开悟，产生刻骨铭心感动的，是一件小事。

某天，稻盛外出化缘归来，拖着疲惫不堪的身体，蹒跚而行，路过一个公园，一位打扫落叶的大嫂，把扫帚往树边一搁，小跑过来，把100日元的硬币放进稻盛的兜里，说："你一定饿了吧，买个面包吃吧。"她一脸慈悲的神情，顿时让稻盛泪如泉涌。这不就是自己苦苦修行想要达到的境界吗？稻盛说："这时候，一种幸福感贯穿了我的全身，可以说，构成我身体的所有的细胞都因喜悦而颤动，就连周围的景物也变得清晰起来。"

听稻盛这么说，我犹如身临其境。稻盛修行一辈子，心灵达至纯粹，所以那一瞬间，就能从这位朴素大嫂自然的利他行为中，感受到了人性的光辉，以至感激涕零。

去圆福寺修行之前，稻盛就对西片长老说，鉴于年龄和体质，在寺院可能待不长，或许会中途逃离，请长老体谅关照。长老答道，不，您待久了，反而会干扰年轻僧人的严格修行，不久就会被他们赶出来的。西片长老又说，我们禅宗出家人，以坐禅修身，与世无争，但也没有对社会做直接贡献。你从世俗出家，于僧堂认真修行之后，应回归现实社会，继续为世人服务，这才符合释迦的教诲。一味在寺庙闭门修行，并非你的职责所在。

谈到佛门修行的收获，稻盛说，过去讲"利他"，往往需要有意识地告诫自己，用理智来强迫自己必须这样做。而现在"利他"已成为一种自然而然的、自觉的思想和行为。过去要靠理性分析才能理解的一些事情，现在很快就能抓住其本质，从内心更深刻地理解它们。

## 中日友好使者

中国改革开放，提出推行社会主义市场经济，当时，国外许多人，包括不少著名的政治家和经济学家都认为，社会主义和市场经济这两个概念是互相对立的，是无法融合的。然而，稻盛先生眼光独到，他说，市场经济无非是主张一切生产都要符合于市场需求，按市场规律办事，使人、财、物等各种资源都得到合理的配置和充分的开发。而社会主义是主张人与人之间的平等，主张人的各种基本权利得到保证，使人们在物心两个方面都得到满足。社会主义与市场经济不是对立的，而是可以融为一体、互相促进的。这是中国的创造。

稻盛先生的这种见解和阐述，可谓高瞻远瞩，在当时的国际社会是非常难能可贵的。

在稻盛先生的指导下，京瓷公司积极来华投资，成立合资或独资企业，分别在广东东莞、上海、天津、江苏无锡等地建立或收购了工厂。这些企业同样贯彻稻盛先生的经营理念，与所在地区关系融洽，确保了中方合作伙伴的利益。

2001年，稻盛先生为响应中国政府西部大开发的政策，捐赠100万美元，设立"稻盛京瓷西部开发奖学基金"，援助贫困学生。

当时，中国沿海地区与西部各省之间的经济发展不平衡，稻盛先生认为，中国各地区平衡发展对中国乃至世界和平很重要，于是为中国西部具有代表性的12所大学的学生发放助学金。申请助学金的条件是受资助的学生出生于西部，考上西部的大学，家庭贫困但是成绩优秀，并承诺毕业后在当地就业。

稻盛先生还为每年的"中国少年友好交流访日团"提供活动资金。

鉴于稻盛先生为促进中日友好做出的种种贡献，2004年4月5日，中日友好协会授予稻盛先生"中日友好使者"的称号。4月6日，稻盛先生应邀到中共中央党校，做了"致新时代的中国领导人"的精彩讲演。2009年10月1日，稻盛先生应邀参加在天安门广场举办的中华人民共和国成立60周年庆典。

稻盛先生多次应邀率领日本"盛和塾"的塾生企业家们，来华参加中日企业经营研讨会，做主题讲演，传授他的经营哲学。他被授予东莞市、贵阳市、景德镇市荣誉市民，应邀任天津市、青岛市、景德镇市经济顾问，被南开大学、新疆大学、东北师范大学、中山大学授予名誉教授、客席教授。他接受中国中央电视台采访达7次之多。在1995年就应当时中国国家经济贸易委员会的邀请到北京人民大会堂讲演。另外，他还应邀为中山大学、南开大学、南京大学、清华大学、北京大学等著名大学的师生们讲演。

稻盛先生讲演中的许多重要观点，比如关于领导者资质的论述（深沉厚重是第一等资质，磊落豪雄是第二等资质，聪明才辩是第三等资质）；关于命运与因果的论述，直接来自中国的古籍，这些都成了稻盛先生终身的信仰，成了稻盛哲学的重要组成部分。也就是说，稻盛先生的成功以及他的成功理念中有中国文化的深刻影响。

稻盛先生说，中国自古以来就有建立在"仁德"基础上的精神规范和伦理道德，这是最值得中国人自豪的东西。中国企业在经历了加入世界贸易组织（WTO）和全球化的考验，把以"德治"为基础的经营理念发扬光大之后，必将引领全球经济潮流。

稻盛先生身上有一种割不断的中国情结。稻盛先生说："日本向中国学习了一千年，而且中国的圣贤是从'道'上，也就是从根本的为人之道上教我们的。我要把学习中国圣贤的文化应用于企业经营的经验，告诉中国的企业家，让他们少走弯路。"他说，如果自己粗浅的经验能对中国的企业家有所启示，能助中国的经济发展一臂之力，将是他有生之年无上的幸福。

稻盛先生在中共中央党校讲演时，还引用了孙中山于1924年在日本神户有关"王道和霸道"的讲话，稻盛先生的发言精彩又确当。

孙文先生说道，西洋的物质文明是科学的文明，后来演变成武力文明，并用来压迫亚洲，这就是中国自古以来所说的"霸道"文化。亚洲有比这优越的"王道"文化。王道文化的本质就是仁义、道德。日本民族在吸收欧美霸道文化的同时，也拥有亚洲王道文化的本质。日本今后面对世界文化的未来，究竟是充当西方霸道的看门狗，还是成为东方王道的捍卫者，取决于日本国民的认真思考和慎重选择。遗憾的是，日本没有倾听孙文先生的忠告，结果一泻千里，陷于霸道而不能自拔。我衷心希望，不久的将来必将成为经济大国、并拥有强大的军事实力的中国，一定不要陷入自己一贯否定的霸道主义，以中国自古以来一直强调的"以德相报"的胸襟，亦即遵循王道，治理国家，从事经济活动。

在中国又办企业，又讲哲学，还谈及政治，就是作为中日友好使者，稻盛先生也是特色鲜明，不同寻常。

# 拯救日航

关于日本航空即将破产的报道，是当年日本社会最轰动的新闻。2010年1月10日，日本首相正式邀请稻盛出任破产重建的日航的负责人。走出首相府，记者们追问稻盛是否赴任。稻盛回答，要思考一个星期以后再做决定。得知此事当晚，我在博客中写道："我相信只要体力许可，稻盛先生一定会义无反顾，挺身而出，出任日航CEO。根据我与稻盛先生接触的经验，根据我对他性格的判断，只要稻盛挑起这副重担，我相信，日航的重建成功必将指日可待。"稻盛是2010年2月1日进入日航的。1月27日，我又发表博文：《日航重建——稻盛经营哲学的公开实验》。我的预测相当准确。不过，我也没想到，仅仅一年，日航就从亏损约100亿元，到盈利约140亿元。这个数字是日航60年历史中最高利润的2倍，在全世界航空企业中独占鳌头，而且遥遥领先。日航从谷底一下子飙升至峰顶，这种戏剧性的变化，究竟是如何发生的呢？

稻盛用他的哲学拯救日航，这是一个经典的、近乎完美的、理想主义的案例，这个案例在全世界企业经营的历史上，不说它是绝后的，至少它是空前的。有人说，稻盛先生是"超人"，一年拯救日航简直是神话。但是，这个看似神奇的故事背后的本质其实异常简单。

## 一、提出三条大义

当日本政府有关部门上门邀请时，稻盛以年事已高，并且不了解航空事业为由，坚决推辞。但经不住邀请方的反复恳求，稻盛动了侠义之心。作为赴任的理由，他提出了重建日航的三条大义。第一，保住32 000名日航留任员工的饭碗。另外，日航还有大量的子公司、孙公司，日航一旦二次破产，将会引发日航系统企业的失业潮。第二，日本经济连续20年低迷，从某种意义上讲，日航就是整个日本经济的缩影。如果如此糟糕的日航还能重生，就能振奋日本经济界，给日本经济注入新的活力。第三，让乘客保持选择航空公司的自由。如果日本具备国际航线的航空公司只剩下全日空一家，就违背了市场竞争的原理，会给乘客带来困扰。

如果这三条大义为日航全体员工共有，他们就会认识到日航重建不只是为了自己，也是为了乘客乃至国家，这就能激起他们的斗志。

2010年6月13日，稻盛和夫经营哲学（北京）报告会结束以后，在送他去机场的途中，我对稻盛说，还应该有第四条大义，就是向天下昭示稻盛哲学的正确有效。稻盛笑着说："这话只能你说，我自己不能说。"我认为，这第四条的意义丝毫不亚于前三条。

## 二、明确经营理念

稻盛一进日航，就公开宣布，新生日航的经营理念不是为股东，不是为政府，而是为追求全体员工物质和精神两方面幸福。稻盛强调，必须把经营的目的聚焦到这一点，把企业的理念升华到这一点。全体员工齐心协力，共同重建日航。日航的干部们不理解追求员工幸福的经营理念。他们认为，日航宣布破产，银行损失了5500亿日元，44万股民的股票打了水漂，按照重建计划，要裁减1/3的干部员工，留职的干部员工要大幅降薪，国家要注入3500亿日元的资金。更何况，日航有8个工会，与经营层斗争了60年，在这种情况和背景下，宣布日航的经营理念是追求全体员工物质和精神两方面幸福，显然不合时宜。但这一条是稻盛在痛苦的经验中领悟的经营企业的根本原则，是稻盛不容动摇的信念，是京瓷、KDDI持续成功的法宝。稻盛认为，只要把这一经营理念传达给包括工会在内的全体员工，员工就会充满自豪，朝气蓬勃，积极工作，为日航重建尽心尽力。但直到《日航哲学手册》定稿时，还有人提出，日航毕竟是一个服务型企业，应该把为客人提供最好的服务放在首位。稻盛当即抢过话筒，斩钉截铁地说："如果员工不幸福，谁来向客人提供最好的服务！"于是，就这么一锤定音了。

## 三、推行意识改革

意识改革又叫哲学共有。在日航的干部会议上，稻盛说，我判断事物是有基准的，这个基准就是"作为人，何谓正确"。干部们一时反应不过来。稻盛说，反应不过来没有关系，但你们要把这句话放在心头，碰到问题时拿出来对照，然后做出判断，采取行动。当有的干部表示靠这种小孩都懂的道理无法拯救日航时，稻盛就发火了：连作为人应该做的好事和不应该做的坏事都分不清，连这样的判断基准都不能理解、不愿接受、不肯实践的人，请你们赶快辞职，因为靠这样的人无法重建日航。2010年6月，稻盛组织日航52位主要干部，进行所谓"密集型猛特训"，就是"彻底的领导者教育"。一个月举办了17次学习会，稻盛亲自讲了5次。有一次稻盛感冒，声音沙哑，见有的干部还不认真，稻盛动情地说："我是用我的心血来讲的，你们一定要好好地听啊。"稻盛呕心沥血，言传身教，极具感染力。一个月的特训结束，干部们感动之余，通宵讨论，痛表决心。"这个人值得追随，我们跟定了。"日航的氛围从此焕然一新。接着，3000名中层干部也主动要求学习，不久，学习活动推广到了全体员工。在此基础上，由日航的干部、员工代表共同制定了《日航哲学手册》，内容共40条。因为请我翻译成中文，我得以在第一时间知道了它的内容。与京瓷哲学78条相较，日航哲学更为简洁，而且具有鲜明的日航特色。

## 四、实施阿米巴经营

日航的领导者"连一个蔬菜铺也不会经营"。这是稻盛对日航干部们的当头棒喝。日航上上下下没人关心经营数字。月度经营报表要过两三个月才能出来，而且只有一些笼统的数字。有的航线月月亏损，也无人过问。稻盛问，这个企业谁对经营结果负责，没人应答，日航留任的总经理只好举手，但他来自修理工厂，连财务报表也看不太懂。根据重建计划，日航要卖掉所有的波音747大型客机，要取消将近1/4的航线，因此，销售额势必大幅下降。在这种情况下，要挤出利润，唯有削减成本。稻盛要求各个部门制订详细的降本计划，并付诸实行，一个月后召开经营会议，让各部门负责人当众发表实行计划的结果，稻盛当场予以严格指导。在准备工作就绪以后，日航就开始分部门、分航线、分航班划分组织，指定阿米巴长，进行独立核算，就是导入阿米巴经营模式。这样，每个月，每个部门详细的经营数据就能及时公开。以这些数据为基础，每个月召开月度业绩报告例会。因为每条航线、每个航班的收支盈亏一目了然，就能以各阿米巴长为责任人，阿米巴成员分摊指标，大家群策群力，为提升效益出主意、想办法，不断改革，不断创新。特别的考验是，在2011年东日本大地震、大海啸、核辐射三重灾害之下，现场阿米巴长大显神通，他们调动临时班机2700架次，既帮助了灾区，也使第二季度盈利了171亿日元。而竞争对手全日空认为地震属于不可抗力，缺乏强有力的对策，因而同期亏损80亿日元。

## 五、稻盛的无私

日航于2012年8月提前成功再上市，募集资金6900亿日元，这接近国家注资的两倍。日航重建圆满成功。稻盛谢绝日航的挽留，于2013年3月末退出日航。在日航不多待一天，也不少待一天，稻盛将这称为"男子汉的美学"。同年5月，我跟随稻盛去巴西，参加巴西盛和塾成立20周年活动。在一次共进早餐时，我向稻盛提出一个问题："现在日航重建已经成功，这点没有争议，但成功的原因众说纷纭。有人说，是因为您的个人魅力，或者说是您的经营手腕。有人说，是因为稻盛'作为人，何谓正确'的经营哲学。还有人说，是因为分部门核算的阿米巴模式。上述三者当然互相关联。但如果问您，三者中最重要的是哪个，您怎么回答？换句话说，是领导者个人重要，还是指导思想重要，或是体制重要？"稻盛回答说："主要是我让日航的干部员工们感动了。我已经80岁高龄，身为航空业的外行，不取一分报酬，没有私利，原来与日航也没有任何瓜葛，但我冒着'玷污晚节'的风险，不顾自己的健康，鞭策这把老骨头，全身心投入日航的重建。这就给了日航干部员工或有形或无形的影响。看到像他们父亲、爷爷一样年龄的人，为了他们的幸福拼命工作的样子，日航的员工们感动了，他们觉得'自己不更加努力可不行啊'！由于日航全体员工团结奋斗，不断改革改进，日航重建才获得了成功。所有的事情都是日航员工们干的，我不过是把他们点燃了。"

## 至死利他

2022年8月24日，北京时间上午7点25分，稻盛在自己家里逝世。虽说是90岁高龄，无病无痛，无疾而终，但我还是感到很突然。原本约定好在5月27日，我去他家向他汇报工作，但因为疫情我出不了国。代表我去的是稻盛和夫北京公司的副董事长池田先生。据说，当天稻盛气色不错，思维清晰，一个半小时内，对若干事项都做了确认。由此，我放心了。不料，到7月底，稻盛突然患肠梗阻住院，虽然很快治愈了，但食欲却上不来，稻盛又拒绝点滴、注射等治疗，因此日渐衰弱。

最近几年，有关他的健康，我曾写信提出10条建议，当面交给他。他夸我的谏言逻辑严密，无懈可击（理路整然①），但并未认真采纳。

我知道，对于生死，稻盛特别洒脱。在身体健康的时候，他拼命工作；但身体衰弱的时候，他对生毫不执着，对死毫无恐惧。

稻盛一辈子神采飞扬，霸气十足，他不愿意让自己陷入老丑、老害、老糊涂的境地。这几年来，他足不出户，因为他不愿意以衰弱的形象出现在公众甚至盛和塾的塾生面前。

在数年以前，他就彻底摆脱了在京瓷、KDDI和日本航空的一切工作，卸去稻盛财团理事长的职务，不再参加京都奖颁奖仪式，解散日本等地的盛和塾，把著作权转让给京瓷等，他早就有条不紊地为自己的离世做好了物质和精神两方面的充分准备。

他逝世后，为了不惊动社会，不影响邻居，他的家属依据他的嘱托，将他的遗体送往他生前修行过的圆福寺。守灵和葬礼非

———————————

① 理路整然为日语词，意为条理分明。——编者注

常简朴，参加者只有他的直系亲属，包括鹿儿岛的弟、妹等十余人，京瓷公司的会长社长、KDDI的会长社长、日本航空的会长社长各两人，京瓷创业元老两人，稻盛财团负责人一人，敬爱公司社长一人，总共二十多人。没有惊动日本的政界、官界、商界，没有惊动鹿儿岛大学、京都大学、立命馆大学任何一位亲朋好友。葬礼于2022年8月29日结束，30日下午他的家属才对外公布去世的信息，并拒绝一切献花乃至唁电。

稻盛至死利他，带着他美丽的灵魂开启了他新的旅程。

因为稻盛早已参透生死，所以他不会为亲友的离世而过度伤悲，自然也不希望别人为他的逝世而悲伤。

同年11月27日，我赶赴日本，参加28日在京都国际会馆举办的稻盛和夫告别会，还接受了日本记者的采访。稻盛虽然已经离我们而去，但是，稻盛今天依然而且将永远活在我们的心中，音容永在。我坚信，稻盛敬天爱人的利他哲学一定会在更广阔的层面上，在世界范围内发挥历史性的伟大作用。

02

稻盛和夫的判断基准

稻盛27岁创业成了经营者，需要判断的事情陡然增加，那么怎样才能对接踵而来的问题不断地做出正确的判断呢？

稻盛说："创立京瓷时，我是技术员，理工科出身，对会计和企业经营，可以说一窍不通。在我的亲戚朋友中又没有一个经营者，没有一个人我可以请教。但既然自己开公司当了经营者，就必须对公司各种事情做决断。部下来请示'这笔生意做不做''那个问题怎么办'因为缺乏经验和知识，不知道该如何回答，我非常苦恼。"

但苦恼归苦恼，对下级提出的问题，却必须及时答复，不能沉默，不能回避，不能推诿，决断得由自己来下。

稻盛说："刚刚诞生的弱小企业，一旦判断失误，很可能立即消失。我深感责任在身，常因担心而夜不能寐。"

"拿什么做判断或决断的基准呢？苦恼之余，我想到了原理原则。所谓原理原则，就是'作为人，何谓正确'这么一句话。从小父母、老师教导过的，小时候他们表扬我、责备我，根据什么呢？不外乎'是非对错、好坏善恶'这类最朴实的道理。如果这可作为判断基准，那并不困难，我能够掌握。"

"不拿'赚还是亏'做基准，不拿'赚钱多或少'做基准，而是用'作为人，何谓正确'这一原则做判断基准，从这一点出发，去经营企业，去应对和解决一切问题。京瓷和KDDI如今都已成长为世界规模的企业了，'原点'就是'作为人，何谓正确'这一判断基准，如此而已。"

一团乱麻的长度，我们凭肉眼和感觉很难正确判断，但只要有一把尺子就行了，尺子就是基准。那么，对人生、工作、经营中碰到的一切事情，是不是也有一个判断的基准呢？稻盛断言，有这样的判断基准，而且这个判断基准异常简单，用一句话来讲，就是"作为人，何谓正确"。稻盛说："作为人，是对还是错，是好还是坏，是善还是恶，这是最基本的道德规范。而且从中引申出来的正义、公平、勤奋、谦虚、正直、博爱等，都是孩童时代父母、老师教导我们的最朴实的伦理观。如果用这些伦理规范作为判断事物的基准，我能够理解，能够掌握。"

稻盛说，这个判断基准就是自己哲学的"原点"。自己一切事业成功的出发点和归结点都在这里，既不复杂，更没有任何神秘的地方。

本来，稻盛寻求的是企业经营的判断基准，结果却不限于企业经营，他找到了更广阔层面上的、对任何人都适用的、做人做事的基准。因为企业经营也不过是人做的、以人为对象的活动而已。

听稻盛这么讲，我有一种莫名的惊喜，我不知道怎样来形容自己的感受。后来，我想到一句词："众里寻他千百度，蓦然回首，那人却在灯火阑珊处。"用在这里，很是贴切。

回顾过去的人生，我做过许多正确的判断，也做过若干糟糕的判断。无论正确的判断还是糟糕的判断，在遇到稻盛之前，我的判断从没有而且也不可能上升到"作为人，何谓正确"这种哲学的高度。就是说，我不可能对人生所有问题，都从这一个原点出发，来做出正确的判断。

既然稻盛做出了示范，提出并出色地实践了这一简单的判断基准，那么，这么简单的判断基准，我也可以拥有啊！我也可以对自己碰到的一切问题都做出正确的判断啊！我有一种顿悟的感觉。

不过理可顿悟，事须渐修。要彻底实践这一判断基准，必须改变自己原有的价值观。要改变过去以得失、好恶判断事物的基准，谈何容易。但是，既然我从稻盛的教导中领悟了这一点，既然这一点已经为我以往的成功经验和失败教训所证明，既然我在理性和良知的层面上高度认同了这一点，我就要坚持朝这个方向努力，不断反省、不断修正。而在实践的过程中，我发现，这一判断基准非常灵验。我深深地感觉到，一旦从私心的束缚中解放出来，判断就变得格外轻松，效率非常高。至此，我把自己的工作和人生划分成两个阶段：稻盛之前和稻盛之后。在稻盛之后，我的生活、工作、经营，包括盛和塾的活动，都生气勃勃，意气扬扬。

具备判断基准，就是心中有底。我凑诗曰：

登高莫问顶，途中耳目新。

心里有基准，踏实往前行。

我们每个人都有与稻盛一样的良知，只要我们不屈不挠，努力实践"作为人，何谓正确"这一判断和行动的基准，带着这个意识，具体问题具体对待，持之以恒，精益求精，我们的人生就一定能进入一个全新的境界。我们应该坚信这个真理。

03

稻盛和夫的成功方程式

稻盛说，"作为人，何谓正确"这一判断基准，就是他后来想出的成功方程式里的"思维方式"。判断基准既可以从极端利己到十分利他，也可以从-100到100打分。

京瓷公司成立之初，28名员工中，有16名是初中毕业生，有几名高中毕业生，还有毕业于地方大学的稻盛。稻盛认为，这个团队中全是能力平凡的人。那么，能力平凡的人怎样才能获得不平凡的成功呢？为了鼓励一起创业的伙伴，同时也为了说服自己，稻盛想出了一个成功方程式，也称"人生·工作结果"方程式。稻盛说，这个方程式是自己哲学的核心，自己一辈子就是按这个方程式办事的，也只有这个方程式才能说明自己的事业为什么成功。

$$人生·工作结果 = \quad 思维方式 \quad × \quad 努力 \quad × \quad 能力$$

$$-100\sim100 \qquad 0\sim100 \quad 0\sim100$$

方程式中的"能力"主要指先天的智商、健康状况，包括运动神经、音乐细胞等。从白痴到天才，可从0到100打分。但"努力"（或热情）不是先天的，而是由自己的意志决定的。从懒汉到劳模也可从0到100打分。"思维方式"就是价值观，就是人生态度，它从-100到100。而这三者是相乘的关系。

一个天资聪颖又很健康的人，"能力"可打90分，但若他自恃聪明，不思进取，"努力"只得30分，那么两者之积为$90×30=2700$。另一个人天赋差些，"能力"只得60分，但他笨鸟先飞，特别勤奋，"努力"可打90分，这样他的乘积为：$60×90=5400$。后者得分比前者高一倍。然而三者中最重要的是"思维方式"，它是矢量，有方向性。一个人能力再强，热情再高，如果他一味以自我为中心，损人利己，损公肥私，或者哲学混乱，三者相乘，那么他的人生就是绝对值很大的负数，并可能给他人、社会造成很大损害。这样的例子，古今中外屡见不鲜，希特勒就是典型的反例。

"努力"和"能力"的重要性众所周知，但令人遗憾的是，人生道路上最重要的"思维方式"，几乎所有人都不太明白，几乎所有人都不求甚解。这就是各种问题的症结所在。

稻盛说，最初他认为能力、努力、思维方式这三要素是相加的关系，后来意识到只有三者相乘，才符合现实。开始时，他把"能力"放在前面，后来看到许多聪明人因思维方式错误而堕落，就把"思维方式"放到了首位。

这个方程式说明人生很单纯，一共只有三个要素。只要把"努力"和"能力"的分数做大，把"思维方式"的分数做正、做大就行了。人生就这么简单。

另外，这个方程式还说明人生很严峻，因为思维方式是变化的，如果它由正变负，就将导致整个人生的惨败。

我第一次听稻盛讲成功方程式时，感觉非常新鲜，非常确切，胜过任何有关成功的定义，感动之余，出版了拙作《稻盛和夫的成功方程式》。稻盛夸奖此书道："正因为是透彻理解京瓷哲学的非京瓷人所著，所以很值得参考。"稻盛还亲自推荐此书在日本出版，结果意外畅销，后来还出了文库本①。稻盛对书中下面这几段话很是赞赏。

我认为可将"思维方式"分为两个侧面。一个是人格的侧面，正面的比如：公正、诚实、开朗、勤奋、勇敢、谦虚、善良、克己、利他等；负面的比如：不正、伪善、懒惰、卑怯、傲慢、任性、浮躁、妒忌以及自我中心等。另一个是科学的侧面，就是"认识论"，就是由五官从外界收集各种信息，用头脑加以分析，从复杂现象中导出本质，据此制订计划，然后实行。在实行中继续收集信息，再分析，并对照计划，做必要修正，然后再实行这样一个循环，简单讲就叫"实事求是"。先是正确认识事物，然后是拿这种正确认识去改造事物，或创造新的、美好的事物。

人格侧面和科学侧面相辅相成。稻盛先生说："充满利己的人心目中只呈现复杂的现象，利己的动机势必模糊问题的焦点。"也就是说利己主义者不可能始终"实事求是"。

---

① 文库本是日本出版物的形式之一，是以普及为目的的小型（A6大小）书，便于携带，而且比较便宜。

现实生活中虽然有时候事情本身很简单，但因为当事人有私心，又要掩饰私心，掩饰真相，所以事情就会复杂化，人际关系也因此复杂起来，变得棘手，难以处理。因此一个人格高尚、心地纯洁的人，不受私心蒙蔽，就容易看清事实真相，看出事物规律，并勇于按事实、按规律办事。这就是说，人格高尚的人才能始终实事求是。反过来，只有坚持实事求是，一个人才能保持或提升自己的人格。

04

# 稻盛和夫的企业目的

创业初期，稻盛就确立了判断一切事物的基准——"作为人，何谓正确"。这个基准如何实践呢？重大的考验马上就来了。

在松风工业打工时，稻盛的技术得不到公正评价，因此，他创立了自己的公司，"让稻盛和夫的精密陶瓷技术问世"，自然就理直气壮地成为企业目的。但这样的目的很快被现实击得粉碎。

创业第二年，京瓷招进了10多名高中毕业生。高中毕业生与初中生毕竟不同，一年以后，其中多数人成了各个岗位上的骨干。

京瓷虽说是一个高新技术企业，但毕竟是陶瓷企业，与粉尘、高温打交道，工作条件非常艰苦。一个创办不久的小企业，工资不高，没有任何福利设施，管理又非常严格，还几乎天天加班。这些年轻人忍受不了了，他们持联名状，向稻盛提出"集体交涉"。

联名状上写明最低工资增幅、最低奖金，而且须每年连续增长。他们要求稻盛做出保证。

当初招聘面试时，稻盛对他们说，公司究竟能成何事，自己也不知道。但自己必定奋力拼搏，力争办成一流企业。"你们愿意到这样的公司来试试吗？"

他们了解稻盛事先并无工资奖金方面的承诺。但仅过了一年，他们就写联名状并按上血印，威胁说："不答应条件就集体辞职。"

稻盛认为：公司创办不足3年，自己对公司前途，仍无确定的把握；对将来的描绘，也只是"全身心投入，总会有所成就"的程度。为了挽留他们而做出缺乏自信的、违心的承诺，他做不到。

新公司正缺人，他们已成战斗力，如果走了，公司必遭损失。但是，稻盛还是明确答复：不接受他们的条件。

稻盛苦口婆心地说服他们。谈判从公司到稻盛家，僵持了三天三夜。稻盛对他们这么说："我虽然不能答应你们的条件，但我一定倾尽全力，把公司办成你们心目中认可的好企业，到时候，公司提供的条件，可能超出你们现在的要求。"

"资本家、经营者，嘴上说得好听，用甜言蜜语欺骗我们这些老实巴交的劳动者。"

"是不是欺骗，我无法向你们证明，但希望你们相信我。如果无法相信，就抱着'就算上当也试试'的心情怎么样？"

这样熬了三天三夜，推心置腹，其中10个人总算相信了稻盛的话，一个个含泪留下。

只剩领头的名叫波户元的那一位，为了表示男子汉说话算数的"骨气"，他坚持即使一个人，也要辞职。

迫于无奈，稻盛说："波户元，你一定要相信我。如果我对经营不尽责，或者我贪图私利、背叛你，你觉得真的上当受骗了，到时你把我杀了也行。"

波户元听罢哭出声来，紧紧握住稻盛的手，表达歉意。

辞职风波结束了。但夜以继日的交涉，不仅使稻盛筋疲力尽，还深深地刺伤了他的心。事态虽然平息了，但随后几个星期，他仍然心情郁闷，寝食不安，摆脱不了苦恼。

创业之初，企业目的是让稻盛和夫的精密陶瓷技术问世。技术问世听起来不错，但其实只是显耀他个人的本事，这种狭隘的个人愿望，用"作为人，何谓正确"这一基准来对照，本质上仍然是一种私欲。

稻盛说："京瓷公司不是显耀稻盛和夫个人技术的场所，更不是经营者一个人发财致富的地方，而是要对员工及其家属现在和将来的生活负责，京瓷公司应该成为全体员工共同追求幸福的场所。"

稻盛把京瓷的企业目的重新定义为：在追求全体员工物质和精神两方面幸福的同时，为人类社会的进步发展做出贡献。

因为企业作为社会一员，必须承担相应的社会责任，所以这后一句也必不可少。

企业目的又称为经营理念。转变经营理念并不轻松。一开始稻盛非常困惑：自己在七兄妹中排行第二，乡下亲兄弟尚且照顾不及，又怎能保证进厂不久的员工，包括他们亲属的终生幸福呢？但是，在说服11名员工的过程中，他不能不得出这样的结论。

稻盛说："这次纠纷教育了我，让我明白了经营的真义——经营者必须为员工物质和精神两方面幸福殚精竭虑，倾尽全力。经营者必须超脱私心，让企业拥有大义名分。"

"这种光明正大的经营理念，最能激发员工内心的共鸣，获取他们对企业长时间、全方位的协助。同时大义名分又给了经营者足够的底气，可以堂堂正正，不受任何牵制，全身心地投入经营。"

一旦建立正确的经营理念，从私心的束缚下解脱出来，稻盛就感到浑身都是力量。在这个理念之下，今后他不仅可以严格律己，而且可以严格要求干部员工，让大家齐心协力把公司办好、办兴旺。

"作为人，何谓正确"的判断基准，在企业目的这个重大问题上，发挥了决定性作用。

而正确的企业目的为京瓷的腾飞打下了坚实的基础。

05

# 稻盛和夫谈中日关系

作为中日友好使者，同时从"作为人，何谓正确"的哲学原点出发，对于中日之间的历史问题，稻盛先生的态度一贯鲜明。他说：

"在一次座谈会谈及日本是否应该向中国谢罪时，我认为应该谢罪，但我话音刚落，在座的大学教师们都露出了惊讶的神色。他们认为，如果不是万不得已，一个国家向另一个国家谢罪是不可思议的，是决不可行的，谢罪有失国家权威，在国际法上也将蒙受损失。然而，我认为，日本侵略了他国，践踏了别国的领土，既然这是历史事实，就应该道歉、谢罪。我坚持这个观点。向受伤害的对方道歉、谢罪——这是作为人应有的、普遍的正义感，应该超越所谓的常识和道理。这是一个在谈论国家利益和体面之前的问题，是必须遵循的、理所当然的规范，虽然单纯至极，却是绝不可动摇的原理原则。所以，即使谢罪会带来利益损失，但事情该怎么办，就应该怎么办。只有这种真挚的、诚恳的态度才能被对方接受。反过来说，日本的道歉、谢罪之所以不被中国、韩国接受，是因为日本并不真诚，在谢罪中夹杂私心，混杂商人做交易的心态。这样一来，就把本来很单纯的问题复杂化，而且引发了新的争论。在我看来，这是把简单问题复杂化的典型事例。"

他还批判了某些日本右翼政客参拜供奉日本甲级战犯的靖国神社这种行为。

在中日关系因领土归属问题突然紧张起来时，在一次接受日本记者采访时，稻盛提出，"对中国要以德相待"。他痛心地说："中日关系现在暗流汹涌，情况非常严峻，处理起来非常棘手——领土问题不可能以'把双方的主张加起来除以二'这种简单方式解决。这个问题就像卡在喉咙里的刺，要想解决需要花费时间。"

稻盛主张暂时搁置这个争议。他说："但是，包括经济在内，不能单单因为领土争议这个问题，中日关系就一直僵持对立下去。日本人要把国界问题放到一边，对中国民众以德相待。"

他继续说："在中国数千年的历史中，出现过孔子、孟子等许多杰出的哲学家，其哲学理论非常精辟，许多普通大众也拥有这样的素养。我认为，日本应该放弃霸道，以王道和德与中国交往。"

2015年3月12日，在我谈及当时中日突然紧张的关系时，稻盛先生说：

"日本政治家的缺点就是不愿诚实地承认历史事实，不肯诚恳地认错谢罪。日本侵略中国，给中国人民带来过巨大的苦难，这是事实。过去日本走了军国主义道路，对这一点就要真诚地向中国人道歉谢罪。必须在这个基础上强调中日友好的愿望。日本人诚实勤奋、亲切温和、彬彬有礼，凡是到日本来的外国客人，都对日本有好感，他们异口同声，都认为日本人有教养，优雅友好。即使不宣传，全世界也都承认日本民族的优秀面。但是，首先日本必须坦率地承认过去的错误，比如南京大屠杀，这是历史事实，既然日本侵略了中国，屠杀了人民，就应该认错谢罪。有人认为认错谢罪表示日本软弱，但我认为诚实面对历史，才能获得中国和韩国的谅解，才能把国家之间的关系理顺。在这基础上发挥日本民族的长处，用亲切友好的态度与邻国交往，中日和日韩关系就会好转。"

稻盛还用他特有的哲学之刀，对日本的民族性格进行了深刻的剖析。在《哲学之刀：稻盛和夫笔下的"新日本新经营"》一书中，稻盛从一个最简单、最基本的事实出发：日本民族是由稻作农业开始步入文明的。耕种水稻需要修建水渠，这是共同作业；公平分水需要共同遵守的规则；插秧和收割时，需要全村出动，一鼓作气……因此，村落内部的协调，优先于个人自由，村落逻辑由此而生——村落及团队内部必须"以和为贵"。但在村落逻辑不起作用的外部世界，斗争性的一面就会展现，甚至滑向残忍。

国家是放大的村落。日本明治维新后，采取"富国强兵"的政策，这是向西方学习的表现。但日本接受的西方自由主义和自由市场的概念，不是以个人主义为基础的，而是在"集团=村落"层面上的自由竞争。其结果是"富国强兵"慢慢偏向了"强兵"，最后走入军国主义的死胡同。二战失败，被强制转型后，日本又偏向"富国"。而"集团=村落"的原理又浓重地反映在日本企业和日本国家的行动上。日本利用从欧美引进的技术，利用团队精神及低成本高质量的优势，暴风骤雨般向国外倾销产品，抢夺当地厂商的市场。这种无限扩大自己利益的"独善其身"的行为，被指责为"经济侵略"，日本人则被西方揶揄为"经济动物"。对此，稻盛先生开出的药方是：日本要成为世界公民。

06

# 稻盛和夫的人生观

从年轻时起，稻盛就养成了深入思考事物本质的习惯。前述三条原则，即判断基准、成功方程式、企业目的，就是稻盛深思熟虑的产物。自在松风工业工作开始，在拼命工作的同时，除了认真思考技术开发和生产管理等问题，他还拼命思考人生和人生观的问题。

如果说，前述三条原则都是稻盛在工作、生活和经营的实践中自己悟出来的，那么，关于稻盛和夫的人生观，也就是人生是由命运和因果构成的这条原则，乃是稻盛在读书时悟出来的，可以说，这是一次大彻大悟。

稻盛在读安冈正笃①介绍的中国四百多年前的明代袁了凡的故事时，感动之余，领悟了这个人生最重要的法则。

最近十多年来，随着国学热的兴起，《了凡四训》广为流传。但在二十世纪六七十年代，我们并不知道袁了凡是谁，栖霞寺在哪里。而稻盛在五十多年前就读到了袁了凡的故事，并且一下子就抓住了这个故事的核心，确立了自己不可动摇的人生观。

稻盛非常喜欢袁了凡的故事。不厌其烦地向周围的人介绍并解释袁了凡的故事。

袁了凡的故事非常简单。袁了凡原名袁黄，父亲是个医生，英年早逝，他与母亲相依为命。他原本只是一个懵懵懂懂的少年，但有位来自南方、自称奉命向他传授易学精髓的白发老人，却把他的命运算定了：连哪一年在哪一级参加科举考试，考第几名都算得分毫不差。了凡因此对白发老人和老人为他算

---

① 安冈正笃（1898—1983年）是日本著名汉学家、思想家、王阳明研究权威与管理教育家，他创立了日本金鸡学院、农士学院、东洋思想研究所与全国师友协会。他一生都致力于用中国文化经典去教育日本管理者。

好的命运坚信不疑。什么时候当官，在哪儿当官，结婚但不会生子，寿命53岁。因为了凡已经认命，没有奢望，没有野心，没有任何多余的想法，所以在栖霞寺打坐时，他气定神闲，没有任何杂念。但这表面上的淡定，实际上是一种麻木。

云谷禅师得知了凡这种心态后，一语喝破："看到你坐禅时无思无虑的神态，我非常佩服你，以为你虽然年轻，但悟性很高，很了不起，想不到你竟是一个大笨蛋。"云谷禅师说："人确实有命运。但天下有像你一样，完全顺从命运度过人生的蠢人吗？命运是可以改变的。想好事、做好事，就会有好的结果；想坏事、做坏事，就会有坏的结果。人生中存在着这样的因果法则，运用这一法则，就可以改变命运。"

了凡是个老实人，听禅师一番话，茅塞顿开，谢过禅师，回家就与夫人一起，开始照禅师说的去做，每天想好事做好事，每天记功过簿，实践因果法则。结果，本来说命中无子，却生了个儿子；原来说只能活53岁，但活到70多岁还很幸福。我想，如果没有云谷禅师的开导，到53岁那年，了凡即使没病也会等死。因为他已经习惯了顺从命运度过人生。

我读过许多类似的劝人为善的故事，却没有引起我的兴趣，有时甚至认为这不过是陈腐的虚伪说教。我看有的专家写的《了凡四训》的解读，洋洋洒洒，好几万字，他们或在善恶的概念上大做文章，或把因果报应说得神乎其神，但因为没有抓住命运和因果两者的关系，所以牵强附会，缺乏说服力。但稻盛只用1000多字，就画龙点睛，切中了问题的要害。

稻盛27岁创业后，一边认真思考怎样正确地经营企业，同时又苦苦思索，人生是什么，人应该怎样度过自己的一生。他想让自己活得明白一些。因为不断思索人生到底是怎么回事，并且执着地追求问题的答案，所以袁了凡的故事就触动了他的心弦，他恍然大悟："啊！原来如此！人生原来是这样的。前面有什么样的命运在等待自己，虽然不清楚，但是，在难以捉摸的命运的安排下，在遭遇各种事情的时候，我们却可以坚持'想好事、做好事'，只要以这种态度来度过自己的人生，不就行了吗？"

稻盛想通了，一辈子就这么做了，这才有了他事业的辉煌成功。

然而，大多数人认为，人生只是偶然的叠加，我们不相信命运，更不相信因果。这是为什么呢？

因为人生由命运和因果两条法则构成，情况有些复杂。既然两条法则交叉，就可能出现四种情况：

（1）某人想好事、做好事，但当时他命运不济，所以好的结果一时出不来。不好的命运将做好事的效果抵消了；

（2）某人想坏事、做坏事，但这时他命运正处顺境，所以暂时也没有坏的后果；

（3）某人想坏事、做坏事，而当时他又命处逆境，那么，两个坏东西叠加，恶果呈现，他很快倒霉；

（4）某人想好事、做好事，而当时他又红运高照，那么，善果出现，他很快飞黄腾达。

情况一复杂，我们就会迷惑，就看不清复杂情况背后的本质。迷惑就会没有信念，没有主见，就会人云亦云。人家说这是迷信，说一些貌似有理的、似是而非的话，我们就会随声附和。

稻盛不愧为思想家，他透过现象看到了人生的本质，就是说，只要持续想好事、做好事，把作为人应该做的正确的事情以正确的方式贯彻到底，即使命运不佳的人也会遇到转机。相反，"君子之泽，五世而斩"，运势再好，也经不起为非作歹的消耗。如果持续想坏事、做坏事，原本命运再好的人，也会陷入困境，甚至身败名裂。结论就这么简洁明快。

按一般人的思维逻辑，稻盛一个对航空业一窍不通的门外汉，一个78岁的老头，退休了13年，他根本就不应该去日航，根本不应该去蹚浑水，去的结果只能是玷污自己的晚节。

日本的精英们都持这种观点，他们认为日本政府选错了人。他们的说法有道理吗？当然非常有道理。他们连篇累牍的论证全部符合逻辑，但结果呢？稻盛取得了非同寻常的、卓越的成功。

稻盛的深刻和一般人的浅见，就体现在这类根本信念上。

现在很多犯错误的人在检讨时，都有一个共同的悔恨：受名誉地位、金钱美色的诱惑，人生观发生动摇，越过底线，做出了荒唐的、违法的事。这也许说得不错，但问题是，很多人其实并不知道人生是什么，因此也不知道什么是正确的人生观，他们也并未树立过这样的人生观。所以，袁了凡的故事直到现在，仍有巨大的现实意义。

2005年5月，在稻盛会见我时，我将当时写的一篇短文呈他一阅。他看过后说，这篇短文论述精彩，完全符合他的思想。我心想，此文就是我学习他的人生观的心得，符合他的思想，是理所当然的。此文的题目是《两只看不见的手》。

稻盛在这次会见我时，居然任命我当日本盛和塾的顾问，还要支付顾问费，说是给我的"零用钱"。事出意外，让我惊讶得不知所措。

07

# 稻盛和夫的工作观

二战刚结束时，稻盛家极为贫困，但拼命努力求生存，他们觉得生活很充实，并没有痛苦的感觉；稻盛进松风工业工作，吃睡在实验室，废寝忘食，开发了划时代的新材料，他满心欢喜。

亚当、夏娃因偷吃禁果被逐出伊甸园，被迫接受劳动惩罚的观念，在稻盛心里，压根儿无从产生。

但创立京瓷后，他和员工们，每天早晨8点上班，夜里11点坐末班电车下班，虽然辛苦，但大家热情高涨。不过，员工新婚的妻子会打来抱怨的电话："公司是不是要把我丈夫累死。"

当时，日纺公司的贝冢女子排球队正好在教练大松博文的指导下，进行近于疯狂的训练。大松发明了转动式发球器，逼迫运动员向身体的极限挑战。选手们抗议："大松教练是不是要把我们累死。"

但在第18届奥运会上，当日本女排决赛时，东京万人空巷。日本女排为日本夺得了第一块奥运会女排金牌。日本女排所向披靡，创造了连胜175场的奇迹。

稻盛认为，京瓷同日本女排一样，干部员工心甘情愿，拼命工作，直到极限，"如果稍微有一点私心，如果是为了自己的私利私欲，人不可能努力到这种程度"。

社会舆论讥讽"京都陶瓷"为"狂徒陶瓷"（日语中"京都"与"狂徒"发音相同）。稻盛举了已被传为美谈的，日本某著名舞者在一次致辞中说的话，"舞尚不足，跳呀跳，想一直跳到那个世界"。投身于工作的稻盛也同样是这样，"事尚不足，干呀干，想一直干到那个世界"。

这为什么要受到非难呢？在稻盛这里，工作就是艺术，工作就是最大的乐趣。

稻盛经常提起农夫二宫尊德勤奋劳动的故事。二宫披星戴月，一把锄头一把锹，把一个个贫困的村庄变成了富乡。在这个过程中，二宫塑造了自己的心灵，他的举手投足、言谈举止变得高贵典雅，丝毫不亚于豪门贵族。

在稻盛身边，我也有幸领教了他的工作劲头。2009年6月9日、10日这两天，我们请他来清华、北大讲演，当时，他已经77岁了。他每天早晨7点早餐时开始谈论工作，接着与各出版社负责人开会，会见各路客人，接受记者采访。午饭后也不休息，因为讲演安排在晚上。结束后回到宾馆，他余兴未尽，还与我喝啤酒议论到10点，全无疲色。我根本跟不上他的节奏。有时实在挺不住（当时我患肺炎刚出院不久），跟他打个招呼，我就进宾馆的房间休息。我比他年轻14岁，我说："即使没患肺炎，您这种工作强度我也受不了。"他说，哪怕是京瓷的干部们一般也跟不上他的节奏。他享受这种工作状态。

"拼命工作的背后隐藏着快乐和欢喜，正像漫漫长夜结束后，曙光就会到来一样。欢乐和幸福总会从辛苦的彼岸露出它优美的身姿，这就是劳动人生的美好。"他说得多好啊！

还有，"'愚直地、认真地、专业地、诚实地'投身于自己的工作。长此以往，人就能很自然地抑制自身的欲望。热衷于工作，还能镇住愤怒之心，也会无暇发牢骚。日复一日努力工作，还能一点一点地提升自己的人格。"就是说，热爱劳动，专注于工作，就能戒除贪嗔痴，这是他的经验之谈。像这样的金玉良言，他随口就来。

我在稻盛身边聆听他的教诲，感受他的气息，接受并努力实践他的工作观。在论述工作观的《干法》一书的推荐序中，我把热爱工作的意义归纳为5条：

1. 热爱导致成功；

2. 热爱燃起激情；

3. 热爱激发灵感；

4. 热爱陶冶人格；

5. 热爱获得天助。

这是我的经验之谈，感兴趣者不妨一读。

08

# 稻盛和夫的经营观

稻盛的经营观，在《经营十二条》中表达得淋漓尽致。《经营十二条》正在被越来越多的企业家视为经营的宝典。《经营十二条》标题如下。

第一条：明确事业的目的和意义——树立光明正大的、符合大义名分的、崇高的事业目的。

第二条：设立具体的目标——所设目标随时与员工共有。

第三条：胸中怀有强烈的愿望——要怀有渗透到潜意识的强烈而持久的愿望。

第四条：付出不亚于任何人的努力——一步一步、扎扎实实、坚持不懈地做好具体的工作。

第五条：销售最大化、费用最小化——利润无须强求，量入为出，利润随之而来。

第六条：定价即经营——定价是领导的职责，价格应定在客户
　　　　乐意接受、公司又盈利的交汇点上。

第七条：经营取决于坚强的意志——经营需要洞穿岩石般的坚
　　　　强意志。

第八条：燃烧的斗魂——经营需要强烈的斗争心，其程度不亚
　　　　于任何格斗。

第九条：临事有勇——不能有卑怯的举止。

第十条：不断从事创造性的工作——明天胜过今天，后天胜过
　　　　明天，不断琢磨，不断改进，精益求精。

第十一条：以关怀之心，诚实处事——买卖是双方的，生意各
　　　　　方都得利，皆大欢喜。

第十二条：保持乐观向上的态度——抱着梦想和希望，以坦诚
　　　　　之心处世。

当时日本经济新闻社出版了《经营十二条》这本书。中国某出
版社以空前高价的预付金争得了该书的中文版权。我翻译了这
本书，并将我翻译此书时的心得写进了推荐序，在这里也供读
者参考。

# 经营教科书——《经营十二条》的意义

## （1）经营有规律

海量的信息，激烈的竞争，日新月异的技术，瞬息万变的环境，不期而遇的灾难，不确定性，不透明性，变幻莫测，混沌迷乱——佛教称之为"诸行无常，波澜万丈"。而企业就在这万丈波澜中沉浮。

企业经营复杂纷繁，现象层面上确实如此。然而，稻盛认为，只要抓住驱动现象的原理原则，企业经营其实就很简单。

稻盛说："几十年来，我全身心投入了京瓷和KDDI的经营，在这一过程中，我懂得了存在着使事业获得成功的必需的、普遍性的原理原则，这些原理原则超越了时代和环境的差异。"

这里的所谓"普遍性的原理原则"，就是经营十二条。换言之，经营十二条就是正确经营企业的规律。

稻盛先生进入破产重建的日航，他给日航干部上了5次课，其中4次讲的就是经营十二条。日航的干部员工努力理解经营十二条，把这十二条变成自己的东西，在此基础之上，大家团结一致，付出"不亚于任何人的努力"，结果，被认为病入膏肓、无可救药的日航发生了戏剧性的变化，仅仅一年，就成了全世界最优秀的航空企业，业绩在行业内遥遥领先。

但有人说，日航奇迹般的成功，是因为有了稻盛和夫这个人。

巴西有一位日裔经营者，1955年13岁时，他跟随父母兄长去巴西腹地开荒种地。经过长期的努力，他建起一个农园，但他的农园一直不景气。后来他听说圣保罗建立了盛和塾，他乘公交车赶去参加学习，单程就要花18个小时。接触到经营十二条，他如获至宝，拼命实践的结果，他居然很快变成了"巴西香蕉大王"。

稻盛说："经营的成败取决于经营者的行动。如果经营者认真学习、果断落实经营十二条，经营者就会变。经营者变，公司的干部就跟着变，公司的员工再跟着变。这样只要一年，你的公司就会变成一个高收益、快增长、了不起的优秀企业。"

在盛和塾里，这样的企业不胜枚举。

经营十二条就是拿来就能用、用了就见效的、指导实践的经营教科书。就触及经营的本质而言，它胜于任何现存的商业教科书。

## （2）判断有基准

稻盛说：经营十二条，立足在"作为人，何谓正确"这一最基本的、具备普遍性的判断基准之上。

判断一切事物都有一个简单的基准，这个基准不是利害得失，而是"作为人，何谓正确"。22年前，我第一次见到稻盛，他这句话如雷贯耳，深深地震撼了我的灵魂，让我茅塞顿开。从此，在生活和工作中，包括在传播稻盛哲学中碰到各种问题时，我都努力实践这一基准。如我曾经说过的，我把自己的人生划分成"稻盛之前"和"稻盛之后"两个阶段，也就是迷惑和清醒两个阶段。

人如果缺乏判断基准，就会自觉不自觉地依靠本能判断事物，这就难免做出错误的判断，导致挫折和失败。而一旦在心中确立了正确判断事物所需要的基准，就能临事不乱，应变无穷，就会产生真正的自信。这才是人生最大的幸福。

## （3）愿望能实现

稻盛说："经营十二条所有的条文，都渗透着'愿望定能实现'这一思想。"这里的愿望，指的是"渗透到潜意识的强烈而持久的愿望"。

1990年京瓷并购了美国10 000多人的电容器大企业AVX公司。为了说服AVX的美国干部们接受京瓷哲学，稻盛赶去美国，举办学习会，亲自给干部们授课，与他们对话，结果美国的干部们接受并实践京瓷哲学，AVX的业绩因此大幅上涨。

当时稻盛讲课的内容，在美国被出成了一本书——*A Passion for Success*，它的日本版是《成功への情熱》，它最早的中文译本书名是《走向成功的热情》（现名为《斗魂》）。

该书的经营哲学部分，正好与英文Passion这个词的7个字母相对应：

Profit（利润）

Ambition（愿望）

Sincerity（诚信）

Strength（真正的强大）

Innovation（创新）

Optimism（乐观）

Never Give Up（决不放弃）

据说，当时京瓷的美国总经理把它称为"经营七条"。稻盛认可了这个说法，自1990年11月中旬起，稻盛开始在日本盛和塾讲解经营七条。而其中第一条就是"胸怀强烈的愿望"。

境由心造，人生是心灵的投射，心想事成是宇宙的法则。这些都是稻盛终生不渝的信念。

稻盛提出的"以渗透到潜意识的强烈而持久的愿望和热情，去实现你自己设立的目标"曾经是京瓷的年度口号。

后来，稻盛又在强烈的愿望中，加入了"纯粹"两字。正因为全体员工拥有纯粹而强烈的愿望，并为实现愿望，持续付出不亚于任何人的努力，进行不间断的改革创新，远大的目标和人们以为无法实现的愿望，才会一个接一个地实现。

## （4）企业需大义

在这本《经营十二条》中有34项问答。在回答"为什么大义名分必不可缺"时，稻盛一口气说了13次大义名分。

经我查找，2000年，在中国新疆，稻盛第一次系统地讲解了经营十二条。

经营十二条中的第一条：明确事业的目的和意义——树立光明正大的、符合大义名分的、崇高的事业目的。

在说服11名高中学历的员工留任时，经过三天三夜的煎熬，稻盛毅然放弃了自己"技术发明问世"的创业初衷，确立了京瓷的企业目的：

"在追求全体员工物质和精神两方面幸福的同时，为人类社会的进步发展做出贡献。"

这个事业目的中的大义名分，有三层含义。

1. 追求的是包括经营者在内的全体员工的幸福，一个也不漏。不是少数人的幸福，更不是经营者个人的幸福。
2. 是物质和精神两方面幸福，而不只是物质上的满足。因为只有在奋斗中体会工作的价值和人生的意义，人的精神才能成长，才能感受到真正的幸福。
3. 接着就是"为人类社会的进步发展做出贡献"。这就超越了"国家"这个层次，直接进入了"人类命运共同体"这一崇高的境界。

这是在62年之前，时年29岁的稻盛和夫确立的企业目的（又称经营理念）。

稻盛认定，公司后来的一切发展，都不过是贯彻这一正确经营理念的必然结果。

客户第一、股东第一、个人抱负第一等说法，都有各自的道理，但稻盛却主张员工第一。因为如果全体员工由衷认同企业目的，从而殚精竭虑，团结一致，拼命努力，就能满足客户需求，给股东高回报，给国家多交税，同时也能实现创业者个人的抱负。这个道理非常简单，但这个关系不能前后颠倒。

纵观历史，环顾全球，除了盛和塾的企业，至今全世界居然没有一家企业，包括赫赫有名的大企业在内，愿意或敢于提出与稻盛同样的企业目的。这是为什么？

稻盛在他经营的企业，包括京瓷、KDDI和日航的共约13万名员工中，在相当高的水平上，已经实现了全体员工物质和精神两方面幸福。这是千百年来全世界的先贤们梦寐以求而从未实现的大同世界的雏形。

把"全体员工"改为"全体国民"，在追求全体国民物质和精神两方面幸福的同时，为人类社会的进步发展做出贡献。如果这成为世界各国的国家理念，那么，人类命运共同体——物质生活和精神理念的共同体——就能够实现。这就是拯救人类的哲学。而朝着相反的方向，各国依然一味强调自身的利益，并为此争斗不休，人类将没有未来。

就是这一念之差，其结果却有天壤之别。既然稻盛做出了榜样，在他领导的范围内圆满地实现了他的理想，为什么我们就不行呢？

对于《经营十二条》的推荐序，京瓷出版负责人说："这是只有曹先生才能写得出的、卓越的推荐序文。"中方出版社社长说："曹老师，序言文字行云流水，介绍言简意赅，概括精义入神，读来令人神往。"他们都过奖了，我不敢当。推荐序文不过是翻译过程中我对于稻盛和夫经营观的个人感悟而已。

09

# 稻盛和夫的幸福观

幸福是什么？这是一个大众化的话题，又是一个很哲学的问题。可以说，获得幸福是人们一切行为的终极目的，但我们怎样才能获得真正的幸福呢？

稻盛认为，幸福在很大程度上是一种主观的感受。感觉得到幸福还是感觉不到幸福，归根结底，取决于当事人的心灵的状态。

稻盛创业不久后就转变了企业目的，从让自己的技术发明问世转变为追求全体员工物质和精神两方面幸福，并对人类社会的进步发展做出贡献，也就是为人类整体的幸福做出贡献。特别是他在78岁高龄时出手拯救日航，让32 000名日航员工摆脱了失业的威胁，在把日航变成世界最优秀的航空企业的过程中，员工们获得了切实的幸福感。稻盛虽然很辛苦，透支了自己的精力，但他觉得自己也很幸福。81岁退出日航后，他常说，自己是这个世界上最幸福的人。

稻盛在81岁时，以"我的幸福论"为题做了一次讲演。讲演中，稻盛引用了经济合作与发展组织2013年的有关幸福指数的调查报告。该报告指出，在36个发达国家中，日本治安排名第一，教育排名第二，医疗也排名靠前，但幸福指数却排在第21位。就是说，许多日本人感觉不到幸福。

日本大阪大学曾有一项调查，结论是：当一个人的年收入低于150万日元时，幸福感很低；在150万日元~500万日元，幸福感提升；到达500万日元之后，幸福感不再提升；在超过1500万日元以后，因为工作压力增加，幸福感反而下降。

稻盛认为，经济的繁荣和社会的稳定能够给人们带来幸福。所谓"衣食足而知礼义"。知礼义，懂得尊重和感谢别人，就会产生幸福感。随着科技的进步和经济的发展，人们的物质生活水平不断提高，在衣食住行等各个方面有了很大的改善。确实，欲望的满足能让人产生一时的幸福感，但是人的欲望没有止境，"人苦不知足，得陇又望蜀"，如果不懂得抑制过度的欲望，不管物质财富多么丰厚，不管名誉地位多么显赫，人还是很难从内心感觉到幸福。所谓"身在福中不知福"就是这个意思吧。

稻盛认为，幸福的主观性很强，必须具备一颗能够感受到幸福的心，人才能感受到幸福。所以，问题的关键就在于：怎样才能培育一颗能够感受到幸福的心？

在讲演中，稻盛归纳了三个培育方法。

## （1）在勤奋工作中培育

稻盛13岁时，二战结束，鹿儿岛满目疮痍，稻盛家被炸成一片废墟，家庭经济极端贫困。但不可思议的是，全家人每天努力工作，拼命求生存，并无不幸的感觉。稻盛目睹只有小学文化的舅舅，身材瘦小，拖着装满蔬菜的大板车，顶着夏天的酷日，迎着冬天的寒风，沿路叫卖。他没有学问，智慧不足，亲戚们瞧不起他，但他却默默地认真工作，后来经营一家蔬菜商店，非常成功。舅舅那种知足的幸福感，留在了稻盛幼小的心灵里。

一辈子持续付出不亚于任何人的努力，乐在其中，从中感受幸福，这是稻盛的切身体验，是他的幸福观之一。稻盛说，这个世界并不完美，充满着矛盾，需要解决的课题不计其数。但如果自己不奋斗，只从自己之外寻找不幸的原因，一味发泄不满，就不会有幸福的感觉。懒汉绝不可能有真正的幸福感。

稻盛认为，勤奋工作绝不仅仅是获得生活食粮的手段，更是战胜欲望、磨炼心志、提升人格的崇高的行为。稻盛强调，不必脱离俗世，工作现场就是精神修炼的场所，每天聚精会神、认真工作就是最好的修行，就能塑造高尚的人格，就能获得幸福的人生。

## （2）在由衷感谢中培育

稻盛27岁创立京瓷时，他的感谢之心油然而生：他感谢用自家房产担保从银行贷出流动资金，帮助自己创业的出资人；感谢艰苦奋斗，拼命努力的员工；感谢接受苛刻条件的供应商；感谢信任京瓷的产品的客户，特别是松下电子，松下电子对于产品质量和价格的严格要求，锻炼了京瓷，促使后来京瓷的产品风靡硅谷，在美国市场上发挥出压倒性的竞争优势。稻盛因此对松下电子感谢万分。而那些当时对松下电子的严格要求，不但不感谢，反而心生不满和怨恨的供应商，后来都纷纷垮台了。

稻盛说，认真想一想，人不可能单独生存。在空气、水、食品、家庭、同事，乃至社会这一切的支撑下，自己才活着。不！与其说自己活着，不如说是周围的一切"让自己活着"。但这么简单的事实我们却常常忘记。只要意识到这一点，生出感谢之心，自己就能感受到幸福。稻盛说，他每天要说几十次"谢谢"，"谢谢"二字随时随地会脱口而出。有一次，稻盛甚至说，能够发自内心地说一声"谢谢"，这本身就是幸福。

## （3）在虚心反省中培育

稻盛说，在日本经济高速增长时期，京瓷也顺利发展，高收益，高增长，业绩突出，受到了社会的高度评价。这时候"反省"这一意识强烈起来。每天起床后、就寝前，他都会面对镜子，对昨天发生的事情、今天做的事情进行回顾。凡有违背做人良知的行为，都会兀自大声地、强烈地斥责自己。一是忏悔，"神啊，对不起"；二是感谢，感谢神灵让自己意识到自己的失言和失态。

稻盛说，自己亲眼看到许多成功者因成功而堕落，他们像流星一般，闪烁光芒后迅速陨落。自己之所以没有堕落，就是因为学会了反省。人在虚心反省中就能培育起能够感受到幸福的那颗心。

稻盛说，努力经营，千辛万苦获得的利润，差不多一半通过交纳税金，由国家进行"再分配"，这才支撑起经济社会的运行。在日本的6300万就业人口中，三分之二以上的工作岗位，由企业提供。也就是说，创造财富，向人们提供生活食粮的，基本上就是企业。充分认识自己的使命，发挥力量和智慧，拿出勇气克服经营中的各种困难，履行自己的责任，在这种"行大善"的过程中，我们会感到喜悦和满足，而这就是经营者至高无上的幸福。

"无私利他"是稻盛的哲学，更可贵的是，他终其一生实践不止。为员工物质和精神两方面幸福、为人类社会幸福做出贡献的经营理念，设立京都奖，创办盛和塾，第二电电上市自己不持股份，零薪出任日航会长等，不胜枚举。稻盛说，"为社会、为世人尽力，是人最高贵的行为"。到了晚年，稻盛常说，"自己是这个世界上最幸福的人"。稻盛在行大善的过程中，在无私奉献中感受到了至高无上的幸福。

10

# 稻盛和夫的婚恋观

稻盛考进鹿儿岛大学，学习很用功，为了赚取学费，稻盛在一家百货商店找了个夜警的差使。但毕竟生活单调，人生最美好的青春就这么一天天地消逝，稻盛心有不甘。他想，趁着年轻，能谈个恋爱多好啊！一次，在百货店巡视各家商铺，边走边瞧时，他发现一位气质出众的姑娘，稻盛有一见钟情之感。

正好知心朋友川上有个亲戚在这家商店工作，由该亲戚牵线搭桥，稻盛成功约出了那位女孩。两人一起邀请女孩看电影。电影散了又一起吃饭，再送女孩回家，在这期间川上一直陪着。"这个川上怎么如此不识趣呢，不给我们二人空间，我这恋爱怎么谈啊！"

终于在一天晚上，与女孩有了单独相处的时间，女孩却告诉他："我要去东京结婚了，嫁给一个在邮局工作的人。"

稻盛的初恋就这么戛然而止。说是初恋，其实只是他的单相思而已。不过，这短暂而美好的初恋却留在了稻盛的记忆里，终生难忘。

在松风工业，稻盛成功开发了新材料、新产品，并领导一个车间，组织生产，忙得不可开交。企业没有食堂，稻盛晚上去买菜，一早起来准备三餐，浪费时间不说，伙食之简单也可想而知，还常常饱一顿饥一顿。后来，午饭时，稻盛发现自己的桌上放着丰盛的盒饭，拿来便吃。几次后，发现是自己的助手须永朝子所做。问她为什么，朝子说，看你忙成这样，还吃不上饭，好可怜！后来，实在忙不过来，应朝子母亲之邀，稻盛干脆每天都到不远的朝子家蹭饭。朝子亲切的招待和细致的关怀感动了稻盛。后来，稻盛因坚持正义，遭受打击，一时陷于孤立，而稻盛决定，哪怕悬崖峭壁也要垂直攀登。稻盛问朝子，关键时刻，是否愿意托自己一把，朝子点头允诺。这使稻盛更加感动，两人虽然难有花前月下浪漫的机会，但因为志同道合，早已心心相印。稻盛在从松风工业正式辞职后的第二天，便与朝子举办了婚礼，稻盛没有出一分钱的聘礼。双方家属和京瓷的几位创始人参加了结婚仪式。仪式结束后两人去鹿儿岛旅游一周，算是旅行结婚。

朝子不算漂亮，也不化妆打扮，又沉默少语，但确是稻盛的好帮手。创办公司后，干部们常来稻盛家聚餐，朝子忙里忙外，从不抱怨。

稻盛一贯公私分明，但有一次想让朝子搭他的顺风车上街。朝子却说，搭乘公司的公车属于公私混同。这让稻盛顿觉惭愧。

稻盛的事业越做越大，三个女儿的培养与教育由朝子一肩挑起。每逢稻盛出差，比如出去一周，朝子会将7天的替换衣裤按日分开，装进稻盛的箱子。

稻盛78岁赴任日航时，朝子也已76岁了。稻盛后来才知道，朝子曾去医生处，希望至少在稻盛任职日航的3年中，设法让自己也能保持健康，不致分散稻盛的精力。

稻盛觉得自己这一辈子特别幸福，85岁了，还喜不自禁，脱口而出，说一句："母亲，谢谢您！"后来，他感谢的对象又变成了妻子。

在盛和塾的塾长例会，特别是恳亲会上，塾长和塾生之间不仅谈经营，也谈人生，谈人生中的各种问题。有一次有位塾生谈到自己有婚外恋的问题。这时就有塾生问稻盛，塾长您这辈子有没有外遇？稻盛说："没有没有，我真的没有。""我拼命地、拼命地抑制自己的欲望。"

稻盛少年大成，一表人才，魅力四射，年轻漂亮的女孩自然会主动靠近他。稻盛说："看见美丽优雅的女性不动心，是很难的事。爱美之心，人皆有之，这是很自然的。但此时便是修行之时，欣赏无妨，却不可让自己的占有欲抬头。"

稻盛40岁前后，在美国波士顿曾有过一次"艳遇"。稻盛带着部长N从芝加哥飞抵波士顿机场时，已是深夜。时值隆冬，天寒地冻，雪下得紧。专务M一身厚装，开车前来接机。三人都盼着赶快到宾馆，喝一杯热酒后钻进被窝。稻盛打着寒战等着M把车开过来。此时，一位金发碧眼、器宇不凡的妙龄女郎走近稻盛说："对不起，没有及时约好出租车，能不能顺路送我一程，只要带到可打车处就行。"日本谚语说"穷鸟入怀，猎人不杀"，何况是一绝世美人。稻盛说"当然可以"。M开车过来，见多了一人，开玩笑说，社长从哪里捡来一个尤物。N亦非好色之徒，却羡慕社长总有桃花运。M和N坐前排，稻盛与美女坐后排。美女连声感谢，说自己好运，遇到了好人。又问起稻盛来美国是干什么的。得知稻盛的事业后，她又连连赞叹，见稻盛一副羞涩的模样，就越发亲近。她指挥M或拐弯或直行。M嘟囔说："我这个没有出租车执照的司机开车挺紧张的呢。"兜兜转转了40分钟才把她送到家。再三道谢后，她说以后去京都时一定拜访。这位女郎恳切致礼后下车，寒冬中洋溢着温暖的气息。稻盛说，做善事不求回报，很好啊。除工作中严厉的一面外，稻盛还会害羞，又慈悲为怀，难怪大家喜欢他，尊敬他，敬畏他。在两性关系上，像稻盛这样"从一而终"的人，即使在著名的企业家中或许可以称得上是凤毛麟角吧。

11

# 稻盛和夫的教育观

"在学校里应该学什么？"在写给青少年的《你的梦想一定能实现》一书中，稻盛提出三条："学习创造性，学会勤奋，学会正确地做人"。这三条虽然简单明了，却是稻盛教育观的精髓。

小学四年级，老师布置暑假作业，要求大家做自己想做的手工制品。稻盛精心制作了一个测量树高和山高的测量仪。他自以为是一个重大发明，但在教室做演示时，因为粘在三脚架上的竹筒测量仪掉落在地，同学们一阵爆笑，稻盛非常尴尬。这时候，老师不但没有鼓励，没有安慰，而且像追打落水狗似的训斥道："你是傻瓜啊，这样的东西能测高度吗？"把稻盛的得意之作，粗暴地否定了。创造性的萌芽遭到扼杀。这种给小孩的热情泼冷水，破坏孩子的自由想象，打击孩子自发的创造性的教育现象在当时很普遍。

战后日本的教育视道德为禁忌，一提道德教育，似乎不是专制就是伪善，"道德"二字几乎成为"死语"。本来教育是需要教师全身心投入的神圣事业，教师是人类灵魂的工程师。但这样的理念被轻易颠覆，日本教师工会（日教组）视教育为出售知识的商业行为，视教师为出卖劳动时间获得报酬的工薪者，同产业工会一样，教师工会也一味鼓吹缩短工作时间，提高工资收入。

但是，道德是人类几千年智慧的结晶，在日本否定忠君爱国的同时，道德本身也成了被排斥的对象，这就等于"把脏水和孩子一起泼了出去"。一旦教育抽去了道德这个灵魂，乱象丛生就成了必然。其结果就是学生价值观混乱，青少年犯罪现象快速增加，未成年人犯下的凶杀事件连续发生，甚至弑父弑母等过去不可思议的事件也见于报端。学校里欺凌行为时常发生，受欺负的孩子不敢上学甚至自杀的事件，也每年都有发生。另外，有的孩子稍微遇到些不顺心的事就马上产生挫折感，并把自己的生命当作自己的个人所有物，或者自杀，或者自闭。他们认为选择怎样的人生是他们自己的自由。

稻盛认为，家长对自己子女以及老师对学生道德教育的懈怠，不仅是因为战争的后遗症，即对战时道德的罪恶感，还因为在战后教育中，将"教育不可强制"这种漂亮话当作金科玉律，认为强制性教育将剥夺孩子们的自主性和创造性。

稻盛说："但道德、教养，不靠他人带强制性的教育培训，而靠小孩自己思考、自己领悟、自己塑造，那是不可能的。看看动物世界吧，什么可做，什么不可做，一切行为都由动物家长所教，为此它们不惜咬痛它们的孩子。'狮子把自己的孩子推下千丈谷底，只有能独自爬上来的小狮子，才予养育。'所谓道德，就是做人应有的姿态，什么可以做，什么不可以做，这本来就该由父母来教，哪怕带着强制性。"

有一次，某记者问稻盛一个问题："有几个年轻人被小孩子问到，'为什么杀人是不对的'。那些年轻人不知该如何回答这个问题，于是绞尽脑汁找了个理由解释说，牛和猪是食材，是为了让人生存下去的食物，所以杀牛杀猪是没有问题的。可是人不能吃人，所以杀人是不对的。请问稻盛先生，您对这种解释有什么看法？"

稻盛说："我被如此蠢不可及的解释给气得怒火冲天。这些年轻人个个都是高学历，头脑聪明，因此才会认为不找个理由就没法说服那些小孩子。可是这种问题哪里需要什么理由。不能杀人这根本就是天经地义的事情嘛！"

不可杀人，不可偷盗，不可骗人，不可损人利己，这些做人的伦理道德天经地义，难道还需要复杂的理论解释吗？

稻盛说："在明治、大正时代，昭和初期以及二战后的一个时期内，日本很贫困，即使小孩也得干活，否则就难以维持一家的生活。因为是小孩，难免要玩耍、会调皮，但只要父母一声斥责，要他们帮着做事，他们就会卖力。在这过程中，孩子们学会了克制自己欲望——这也可称为'持戒'吧。因为必须干活，所以懂得了'精进'的重要性。要忍耐，这与'忍辱'相通。这三项磨炼了孩子们的心志。不得不劳动，学会克制欲望，加上忍耐，这三项往往促使贫困家庭出身的孩子取得成功。孩子的心灵之所以荒废，就是因为我们忽视了这三项塑造心灵的作业。针对青少年问题，首先要考虑'为了塑造孩子们美好的心灵，应该做什么'。最基本的就是教育孩子要懂得'克制自己的欲望，忍耐，勤奋。这三项是塑造我们心灵必不可少的'。"

在谈到学会忍耐时，稻盛进一步说："应该让孩子明白，这个世界是多变的，安稳的时代不会一直持续下去，我们会遇到经济低迷的时代，也会经历找不到工作，对自己的未来感到绝望的时期。家庭也是一样，会出现各种各样的问题。子女和父母之间有时会发生冲突，夫妻也有可能分居或离婚，父母的生意也有可能破产倒闭。总之，任何事情都有可能发生。我们必须让孩子们明白，这就是我们的世界，这就是我们的人生，但是在任何情况下，我们都要勇敢地走下去，这也是我们人之所以为人的责任和义务。"

稻盛怀念在少年时代的"乡中教育"中接受的"不骗人，不凌弱，不服输"的教育。在谈到家庭教育时，稻盛语重心长地说，他的父母只有小学文化，没有多少学问，更没学过什么教育学。一切都是心的教育。母亲常对孩子们说："我知道你们都不是干坏事的坏孩子。但是无论什么人，独处的时候，是最危险的，因为这时候，你什么都可以想、什么都可以干，以为别人都不知道。所以必须特别注意。要知道，天地神佛无时无刻不在看着你，所以无论人前人后都要正直。在独处时，在烦恼困顿时，在准备行动时，都要反复对自己说，天在看你！天在看你！"稻盛说："母亲的教诲深入了我的骨髓，真的不可思议，哪怕在我一个人独处的时候我也不想坏事，不做坏事。"

虽然我们是人类，但我们终究是一种动物。在不教给孩子做人的基本准则的前提下，甚至在儿童阶段就提倡"尊重自主性""不能灌输思想，要让小孩自发学习"，孩子会走向哪里呢？

教育有两种偏差。一种是填鸭式教育，死记硬背，分数至上，抑制甚至扼杀孩子的好奇和创造的冲动。另一种就是基本的道德教育的缺失，或者以统治者错误的政治教育替代起码的为人之道的教育，当年日本政府强制灌输的所谓"忠君爱国"教育就是这种货色。

在物质变得富裕的社会里，教育学生学习创造性，学会勤奋，还要学会正确地做人，似乎变得困难起来。稻盛说，在这种情况下，从理性上教育孩子们懂得这些道理就更加重要了。

作为理性的经典，我想为大家推荐稻盛下述精妙绝伦的人生方程式。

$$\text{人生·工作结果} = \underset{-100\sim100}{\text{思维方式}} \times \underset{0\sim100}{\text{努力}} \times \underset{0\sim100}{\text{能力}}$$

我想，这个方程式应该让小学生、中学生乃至大学生都理解。哪怕小学生、中学生对这个方程式的含义一时难以理解，但让他们从小就知道存在着这个方程式，让他们知道自己的想法（思维方式）有正负，并由此带来人生结果的正负，对于他们的健康成长来说，是极为重要的。

这个方程式不只适用于学校教育，我想，如果这个方程式成为整个教育的中心话题，家长用它来教育子女，老师用它来教育学生，上司用它来教育部下，而教育者言传身教，自己做好表率，那么我们的社会一定会出现新气象，一定会变得更加美好。

12

稻盛和夫的善恶观

20世纪90年代，稻盛在某周刊杂志上读到一则报道，是关于一位19岁的少年杀了某公司董事一家四口的事件。最后他被捕并被判处死刑。在判刑前，当他的辩护律师会见他时，他面带笑容，说话颇有礼貌，与普通男孩没有两样，而且脑子转得特别快。当时有位记者评论说，这个少年犯罪时还不足20岁[①]，误认为未成年人无论犯下多大罪行，都不会被判死刑，只要去少年教养院接受教育就完事了。如果他学习过相关的法律，这件事也许根本就不会发生。但稻盛认为，少年应该知道的不是法律，而是人之所以为人的道德和伦理。稻盛认为，人用利他之

---

① 自2022年4月起，日本《民法》修正案将成年年龄从20岁下调至18岁。在此之前，日本成年年龄为20岁。——编者注

心帮助他人就是为善，就能成佛。相反，任凭本能自由行动，去害人的话，就是作恶，就难免成魔。造物主为了让人守护自己的肉体，授予了人"本能"，同时又赐予人"自由"。自由是人类进步的动力，但滥用自由，为所欲为，人就会变成极恶非道的魔鬼。

有关"人性本善"还是"人性本恶"的问题，中国的圣贤们争论了两千多年，至今众说纷纭。稻盛也关注并思考这个问题。有一次稻盛突发疑问：为什么上天会制造出恶呢？这个疑问在他脑中长久地挥之不去。某天，他又忽来灵感：所谓恶，难道不是我们自己制造出来的吗？上天给了我们维持生存所需要的本能的欲望，同时又给了我们自由。而过头的欲望就是贪、嗔、痴，佛教称之为三毒。三毒加自由，人就可能作恶。就是说，人为了满足自己的欲望，扩展自己的自由，就不惜压制他人的欲望，剥夺他人的自由，将这样的想法付诸行动，就是作恶。

稻盛认为，善与恶在每个人的心中同时存在，但人有选择善恶的自由。选择善并付诸行动，就是为善。选择恶并付诸行动，就是作恶。善恶是选择的结果。比如一把菜刀，用来切菜很好，用来杀人就是恶了，当然正当防卫是例外。就是说，善恶

是自己自由选择的结果，并非"人性本来就善"或"人性本来
就恶"。

稻盛认为，虽说善和恶，或者说良心和私心，利他心和利己
心，在每个人的心中同时存在，虽说人有选择的自由，但人在
无意识状态下，出于自我保护的本能，出于条件反射，首先考
虑的，往往是对自己是否有利，自己是否安全，是否吃亏，是
否有风险，也就是说，以自己的利害得失作为判断的基准。这
就容易做出错误的判断，因为对自己有利，未必对对方有利，
未必对团队或社会有利。这就会制造出矛盾和纷争。所以，为
了做出正确的判断，就需要正确判断所必需的判断基准。

稻盛认为，人有肉体，肉体具备本能的欲望，欲望需要得到满
足，这是自然现象，无所谓善恶。虽然欲望本身无善无恶，但
欲望过度，不加抑制，就会作恶，结果害人害己。而人的欲
望，在一定条件下，很容易膨胀，很容易过度。

稻盛认为，善恶会转化。原本善占上风的人，一旦傲慢，或一
旦消沉，恶就会升起，占据上风。相反，原本恶占上风的人，
由于某种机缘，幡然醒悟，就会改恶从善，甚至成哲成圣。

稻盛认为，作为组织和社会的管理手段，基于人性恶的一面，需要建立遏制恶的制度、法律法规。同时这些制度和法律法规需要公开透明，需要公众监督，需要多重确认，并付诸实行。但制度、法律法规难免百密一疏，而实际情况总是复杂的，是会变化的，所以如果不唤醒人心中的良知和真善美，特别是领导者不以身作则的话，那么组织和社会仍会陷入混乱。当人们都谋求自身利益最大化的时候，钻制度、法律法规的空子，就会成为必然；制定制度和违反制度，就会成为一场智力的竞赛。所以稻盛提出"作为人，何谓正确"的判断事物的基准，并将其作为他的哲学的"原点"。

稻盛认为，人的本质是"爱、真诚与和谐"，是"真善美"。

就是说，人的欲望虽然容易过度，私欲虽然有时猖狂，这个"心中贼"虽然难破，但它却不是人的本质特点。人的本质特点是真善美，是良知。正因为稻盛相信日航32 000名员工与自己有同样的良知，相信以自己的良知能够唤醒众人的良知，他才出任日航会长，并与大家共同努力，使日航重建迅速成功。

在谈到善恶问题时，稻盛经常强调，"大善似无情，小善乃大恶"。他还讲了下面一个故事。

在一个北国的湖畔，住着一位心地善良的老人。每年有大雁成群飞到湖边过冬，老人总是向湖里的大雁喂食，大雁们就聚集到湖边来高兴地吃。年复一年，老人都坚持喂养大雁，大雁也习惯性地依赖老人喂的东西过冬了。有一年雁群又飞到湖里，像往常一样，它们为了食物聚到了湖畔，但是老人却没有来。大雁们仍然每天聚到湖边死死等待，可是老人始终没有出现，原来老人已经死了。那一年正值寒流袭来，湖水都冻结了，只会依傍老人而忘记了自己觅食的大雁不久也都饿死了。

13

# 稲盛和夫的国际观

稻盛和夫的国际观，首先是对美国的认识。在日本战败、美军进驻日本之前，13岁的稻盛接受的是所谓爱国主义的国粹教育，认为日本是神国，美国是"鬼畜"国家。但美国占领日本，崭新的价值观给日本社会带来了巨大的冲击。稻盛满怀期待。

稻盛创业后不久，就闯荡美国推销产品，他感觉美国企业与保守的、派阀严重的日本企业不同。只要产品有特色，在价格、质量方面具备竞争力，就能获得美国客户的青睐，这与企业的历史、名气、门第无关。进入商业谈判，美国人直截了当，没有前置的客套话，直击问题的本质，一切都讲规则和效率，用最短路径处理问题。但商谈一结束，他们就会热情款待，甚至谈论与生意完全无关的话题，充满人情味。美国人直率、平等、自由奔放的性格，与稻盛的个性颇为相投。这种西方文明的活力，让初到美国的稻盛觉得非常新鲜。稻盛也获得了大量订单，美国有名的仙童公司、德州仪器公司和IBM等先后都给了京瓷大量订单，稻盛"出口转内销"的战略十分奏效。

二十世纪八九十年代，日本模仿美国的原创产品，在家电、汽车等许多领域，以产品价廉物美的优势，暴风雨般倾销欧美市场，不断扩展市场占有率。日方企业只顾自己的利益，让当地原有厂商无法生存。美国的贸易赤字迅速上升，日美贸易摩擦日趋严重。两国政府间展开种种博弈。稻盛认为，不管美国有怎样的全球战略，二战后，美国给处于废墟中的日本提供粮食，特别是后来向日本开放市场，促使日本战后平稳转型，成为发达国家，日本理应感谢。稻盛从体谅对方、利他互利的精神出发，倡议并筹划设立了"日美21世纪委员会"，从1996年11月开始到1998年5月结束，展开了卓有成效的工作。

稻盛对欧美，特别是美国的创新精神赞不绝口。同诺贝尔奖一样，在京都奖的获奖者中，美国人占了压倒性的比例。美国文化包容天才，包容天才的异想天开，所以美国能够改变世界的、划时代的发明创造层出不穷。稻盛分析说，日本民族属于农耕民族。农业耕作靠个人单枪匹马很难完成，所以需要以村落为单位的共同作业和团队精神；而欧美民族是所谓的狩猎民族，他们在追杀猎物的过程中，需要单独行动，需要飞跃性思考。稻盛认为，缺乏飞跃性思考的日本人需要将自己固有的改良改进的特质发扬光大，使技术更加卓越，产品更加精湛。

稻盛还认为，像美国这种彻底奉行个人主义的国家，人们难免陷入深刻的孤独。美国人热衷于举办家庭派对，就是为了寻求相互间的联系。因为心存烦恼的人非常多，又苦于没有倾诉的对象，所以许多人跑到心理学家那里接受指导。另外，还有很多美国人，每周都会去教堂。

对美国国内的贫富悬殊，对美国在国际上的霸权主义，以及"在民族和文化完全不同的人们身上强加美国的价值观"，稻盛保持清醒头脑，持批判态度。对2008年发端于美国的世界性金融危机，稻盛深刻地鞭笞说："这场危机表面上是虚拟经济，是金融衍生产品搞过了头，但事情的本质是贪得无厌的资本家为了满足自己的欲望，不择手段地追求利润最大化，是失控的资本主义的暴走狂奔。"

在金融危机期间，我们邀请稻盛来清华、北大讲演。在讲演结束后的答疑环节，有一位学员提问说："现在美国的谷歌比日本的京瓷发展得更快。我们中国企业应该向谷歌学习，还是应该向你们京瓷学习？"

稻盛的回答充满智慧："在管理方法上，在发展模式上，应该向富有创造性的美国学。但是，金融危机也是从美国发源的，其中充满了虚假。因此，经营的方式方法虽然应该向美国学习，但经营的根本思想、经营的哲学应该向中国的圣贤学习。"

稻盛热情欢迎、积极支持中国改革开放。鉴于对西方现代资本主义的失望，稻盛对中国未来的发展前景抱着殷切的期待，但他也关注到了中国发展进程中出现的一些问题。2004年4月6日在中共中央党校的讲演中，他强调了无私的极端重要性，他期望中国在变成经济、军事大国后，仍然能够与周边国家友好相处。

稻盛的国际观同样基于他的利他哲学。他抨击日本政治家的"国益论"。稻盛的话尖锐而又深刻。

我以为，"国家"的存在本身就带来了人类的傲慢。不论大国还是小国，不论发达国家还是发展中国家，大家都在维护自己的"国益"。所谓"国益"，实质上是"以国家为单位的私利"，各国为争夺自己的私利而陷入傲慢。各国只主张自己的"国益"，当然会发生冲突。局部冲突不断加剧。在核扩散难以遏制的今天，还可能诱发核战争。为了防止此类悲剧的发生，我们都必须恢复谦虚的态度。在这个小小的地球上，如果各国一味强调自己国家的利益，人类将无法生存下去。抱着"利他之心"，考虑人类全体的利益，国际社会必须建立起能够持续和平繁荣的邻居式的友好关系。在自然界，在这个狭小的地球上，动植物都在共生共存，只有人类制造出国家，决定了国境，主张自己的国益，计较自己的得失。人类必须向自然界学习，重新回归谦虚和虔敬。

看看今天的世界，不能不佩服稻盛的洞察之明。稻盛说得多么准确，多么中肯啊！

# 14

# 稻盛和夫的政治观

稻盛创建京瓷时的产品是新型精密陶瓷。这是充分市场化的产品，特别是拳头产品"陶瓷半导体封装"主要出口美国，所以与政治无关。但是，在1984年创立第二电电，参与国家级别的通信事业时，稻盛就无法回避政治了。

首先，挑战国营的垄断企业日本电信电话公司就困难重重，该公司有33万名员工，背后代表工会的政治势力相当强大，在本来是质询执政党的国会会议上，某政党代表居然攻击京瓷公司，说它违反了日本的武器出口三原则，原因是京瓷生产的集成电路封装产品，被应用于美国的战斧巡航导弹上。稻盛将这种说法斥为"流言"。这位政治家恼羞成怒，抓住陶瓷膝关节产品没有及时申报的瑕疵，对京瓷大肆攻击，媒体也大造舆论声势，连篇累牍，不依不饶。弄得稻盛一时头痛欲裂，这让他领教了政治的厉害。你不关心政治，但政治会找上门来。

创立第二电电后，一直到合并以丰田为首的日本高速通信，成立KDDI之前，稻盛任用了曾在日本政府（邮电省）任高官的森山先生当总经理。森山先生长袖善舞，在帮助稻盛协调与政府各部门的关系时，发挥了关键的作用。

1990年年底，日本政府邀请稻盛出任"第三次临时行政改革推进审议会"的"世界中的日本"部会的会长，任职3年。在这过程中，稻盛与日本政府的各个部门打交道，对日本政治的运作有了深入了解的机会。

稻盛对日本政府官僚主义的刻画可谓入木三分。

**死不认错：**"在官僚的世界里，犯错可以，认错却是禁忌。""本来，不隐瞒错误，公开承认，认真反思，才能进步。但这样的常识，在官僚的世界里却是行不通的。"

**大人意识：**"日本官员们认为，是自己建立并守护着这个国家。考虑国家大事的人，眼里除自己之外别无他人，也不应该有他人。""在官看来，民从一到十，事无巨细，都必须监视、指导或照料。他们认为，给民自由，民就会乱来。官对民抱有不信任感，'民可使由之，不可使知之'。"

**官本位**：日本政府是"属于官的、由官主导的、为官服务的政府"。政府系统中，科的利益优先于局，局的利益优先于省，省的利益优先于国。甚至到了"有局无省、有省无国"的地步。

**言论管制**："立场不同意见也不同，这本是理所当然的事。在相互尊重对方立场的基础上，堂堂正正地展开辩论，这才是民主主义的规则，但在官僚的世界里，连这一点也做不到。"

**敷衍塞责**："官员口中的'我们研究研究'，与'什么都不做'是同义词。"

**组织僵化**：作为个人，不少官员颇有见识，人格优秀，官员队伍是一个人才宝库，但是，"一旦代表组织开口说话，他们那种僵硬，那种顽固不化，有时会惊得我目瞪口呆"。

稻盛先生的这些说法，也惊得我目瞪口呆。

在日本，支持民主党挑战长期执政的自民党的企业家寥寥无几。稻盛之所以支持民主党，主要是因为自民党执政60年，已经相当腐败。他认为，政党间的竞争，是政治进步的动力。但民主党上台后，由于缺乏政治经验等因素，不久又黯然下台，稻盛也由此淡出了政治舞台。

但是，民主党执政初期，就遇到日航破产重建的巨大考验。民主党在日本经济界缺乏人脉，只能请求稻盛出山。稻盛一再拒绝，但经不住民主党政府和有关机构的反复恳求，考虑到日航重建的三条大义，稻盛以78岁的高龄出任日航会长，用他的哲学成功重建日航，这也成为世界企业经营史上绝无仅有的经典案例。如果当时仍是自民党执政，他们未必会邀请稻盛，即使邀请了，稻盛也未必愿意。我想，这可以说也是一种政治的因缘吧。

稻盛认为，从事政治活动乃是替天行道，政治领导者不可以有任何私心杂念。他强调："在国政的大堂上，堂堂正正从事政治活动，与行天地自然之道一样，不可夹杂半点私心。无论遇到什么情况，必须保持公平之心，走光明大道，广纳贤才，让忠实履行职务的人执掌政权。这样做就是替天行道。同时，一旦发现比自己更能胜任的人物，就应该立即让贤。""不惜命、不求名、不谋官位、不图金钱的人物，不好对付。但不同此等人物患难与共，则国家大事也难成。""包括自己的生命在内，只有能够抛弃私心的人才能成就大事——我坚信，成为领袖的条件就在于克己奉公。"

# 15

## 稻盛和夫的科学观

稻盛是科学家出身，年轻时就有重大的发明，他和他的团队创造了"又一个新石器时代"。稻盛说自己具备"科学之心"，凡事讲究合理性。事实上，稻盛讲的理论，不仅逻辑上没有任何矛盾，而且在实践中，比如在精密陶瓷的生产中，京瓷不但做到了废品率为零，而且做到了原材料损失率为零，令人叹为观止。

但稻盛同时又强调科学的局限性。稻盛先生认为，所谓"科学"，实际上，不过是针对物质文明而言的科学，而精神科学，即对于意识和心的研究，还远远不够。"科学甚至不能解释麻醉的机理。"即使是已被科学证明的真理，随着科学的发展也可能被否定。因此所谓科学，不过是在现阶段的认知范围内的事实，它既不可能正确地解释一切事物，也不代表唯一的真实。

稻盛强调"意识"的重要性，意识属于哲学范畴。在稻盛与科学家争论达尔文进化论时，稻盛以昆虫的拟态为例，分析有的昆虫看起来酷似枯叶或树枝的原因。科学家认为，昆虫由于变异，产生各种不同的个体，其中最适应环境的品种生存下来。稻盛提出了疑问，变异亦未必使昆虫变得像枯叶或树枝，即使像，为什么能像到那种程度呢？科学家说：在超乎想象的漫长的时间和广阔的空间中，这样的变异是可能的。但稻盛却认为，昆虫面对天敌，生命悬于一线，出于求生的强烈欲望和意念，它们希望自己能伪装成枯叶或树枝，作为自救的方法，正是昆虫这种求生的意识才促进了DNA的变异。[①]

暴饮暴食可能导致胃溃疡，但"焦虑"这一意识，也会减弱胃壁细胞对胃酸的抵抗力，导致胃溃疡，这也是事实。

稻盛依据自己从事发明创造的切身经历说明，正是自己无论如何必须成功的意识，促使灵感产生，结果自己创造了新事物。

---

① 稻盛强调的是意识对于事物的影响。——编者注

这证明发明创造本身就是意识的产物。

稻盛说："所谓发明、发现，只有在被证实以后才成为科学；在这以前，它属于哲学的范畴。"我认为，这是有关科学与哲学关系的精辟绝伦的断语。

稻盛批评道："现代社会，只重视科学，只习惯于用科学去解释事物。但为了人类变得更好，为了创建更理想的社会，我们应该具备怎样的思维方式，应该建立什么样的哲学规范，这么重大的问题却无人问津。把是否符合科学作为第一原则，仅仅局限在这一框架内思考问题，事实上是行不通的。"

2013年2月26日，稻盛先生在同我们开完北京公司的董事会会议后，招待我们用晚餐。席间，我请教稻盛先生这么一个问题："对人类社会、对推动人类文明发展，影响最大的是科学、哲学和宗教。稻盛先生是科学家出身，又基于科学实验发明的新材料、新产品创办了企业，成了著名的企业家，同时稻盛先生又是哲学家，还对宗教有很深的研究，65岁后皈依了佛门。在您看来，科学、哲学和宗教这三者之间是什么关系？"

稻盛先生的回答一针见血。他说："现在我们人类生活的这个文明社会，可以说都是由科学技术带来的。同时，勃兴的资本主义构筑了人类社会的繁荣。就是说，科学技术的发展创造了灿烂的文明，同时，作为一种社会经济体系，资本主义发挥了它的功能，让人们可以过上富裕的生活。

"虽然科学技术不断发展构建了文明社会，但科学技术的发展有一个方向性的问题，就是说，发展科学技术是为了让人类幸福呢，还是单纯出于兴趣，因为稀奇的动机才去研究的呢？比如，人们发现了原子能，很有趣、很带劲，可以产生巨大的能量。如果是在谋求人类幸福这一哲学的基础之上，开发原子能当然很好，然而，如果与此目的背道而驰，或许就会导致人类的灭亡。

"同时，资本主义这一经济体系营造了当今社会的繁荣。但是，在这个体系中，'只要自己赚钱就好'的利己主义膨胀，正如在次贷危机中表现出来的，那些强欲贪婪的资本家聚集一起，为了自己的私利，为了少数头头、少数资本家个人发财暴富，不择手段，带来了世界性的灾难。现在很多地方都出现了这种倾向，这样下去贫富差异越来越悬殊，社会也将愈加混乱。

"因此，资本主义的运营，必须由哲学来指明方向，也就是说，为了人类全体的幸福，个人要努力抑制自己的欲望。

"所以，无论科学技术的发展也好，资本主义经济的发展也罢，加进还是摒弃'利他'这一思想哲学的元素，结果将会迥然不同。"

关于宗教，稻盛说："无论是佛教、基督教，还是其他宗教，虽然各不相同，但它们的共性是劝人为善去恶。然而，即使是佛教，在日本就有许多宗派，有净土真宗、禅宗等，它们都互相对立。释迦牟尼教导的道理只有一个，但一旦出现派阀，就会把派阀的利益放在前面，势必引起纷争。因为宗派林立，宗教根底处的道理反而被忽视，为了维护自己的宗派，人们变得狭隘和偏激。其实同根同宗，根本目的都一样，各种宗教理应和睦共处。"

如此直指事物核心的见解，犹如醍醐灌顶。

16

稻盛和夫的生命观

人在健康时，很少考虑生死的问题。但稻盛说，其实死亡离我们并不那么遥远。那么，人死后又将怎样呢？人本是肉体和精神的结合。没有精神的肉体不就是行尸走肉吗？这没有问题。问题在于，肉体死亡了，精神或者说灵魂会不会随之消灭。

稻盛在京瓷公司上市时请了著名的会计师宫村先生做监事。宫村比稻盛年长9岁，他为人正直，是一个恪守原则的人。后来他成了稻盛终生的挚友。稻盛的新家委托宫村设计建造，他们成了近邻，两人经常一起喝酒，成了知无不言、言无不尽的好朋友。但在信仰方面，两人有很大差异，时常争得面红耳赤。宫村是个唯物主义者，不相信宗教，只相信科学能够证明的事实。所以，对稻盛所讲的"人不仅有肉体，而且有灵魂，灵魂将会轮回"这一类话，宫村最开始是不屑一顾的。

有一次稻盛对宫村说，对于灵魂的有无，与其否定，不如肯定。与其信其无，不如信其有。如果没有，人死后反正灰飞烟灭，万事皆空，一切无所谓。但如果真有，而你原来以为没有，没有做任何准备，到时你就会惊慌失措，被动狼狈。

稻盛说："人死后究竟有没有来世，有没有灵魂，只有死后才会知道。我们两人做一个约定，我们两个人中谁先死了，那么生者一定要去参加死者的葬礼。如果死后确有灵魂，那么在葬礼上死者一定要显灵，或者让花束摇一摇，或者让蜡烛的烛光跳一跳。就是要想办法告诉活着的人，死后确有灵魂。"①

后来宫村突然逝世了。稻盛去参加葬礼，参加葬礼的亲朋好友很多，稻盛仔细观察周围的动静，希望能看到一些蛛丝马迹，接收到宫村从彼岸发来的信息，但他什么都没有发现，花束没摇，烛光也没跳。稻盛有点失望，还在心里埋怨，可能宫村到了那个世界以后，有点忙乱，把两人事先的约定给忘了。过了一个月，宫村骨灰下葬。稻盛夫妇在一个星期天下午去墓地祭拜，因为墓区

---

① 稻盛信奉佛教，他认为人死后灵魂一定是存在的。——编者注

很大，花了好长时间才找到。祭拜完毕，已近傍晚，稻盛夫人说，今晚不回家做饭了，就在外面吃吧。于是他们来到京都车站的饮食街，去一家很有人气的面店，因为是晚饭时间，又是星期天，所以各店门口都有人排队，但来到平时客人最多的这家面店，却没人排队，而且正好两个客人吃完离席，空出了两个位子。但等稻盛夫妇吃好后走出店门，却看到门口已排成长队。稻盛突然高兴起来，他说："这位子一定是宫村的灵魂帮我们预定的，如果不是这样就无法解释，为什么其他店没有空位，这家平时拥挤的店反而有空位。为什么我们早来一刻、晚来一刻都没有空位，恰巧在这一时刻有了空位。因为我们今天去祭拜宫村，他总算想起了我们的约定，现在以这种方式来兑现他的承诺。宫村来告诉我们彼岸的世界是有的。"稻盛夫人当然不相信稻盛这一套说辞，但也只是一笑而过。

对稻盛这个故事，我是这么想的：与其说，稻盛从这件事中找出了灵魂存在的依据，不如说，因为稻盛相信灵魂不灭，才会对事情做这样的解释。稻盛说，他相信人有灵魂，即使无法证明，他也仍然相信，他期待科学的发展最终能够证明灵魂的存在。

我因为从小接受唯物主义教育，所以没有什么宗教情怀。但是，对稻盛的"灵魂与其信其无，不如信其有"的说法，我却认为这个观点不仅符合逻辑，而且有益于我们的人生。朝着净化灵魂的方向做出真诚努力的人，虽然在波澜起伏的人生中仍然难免犯错，但因为有信仰，就不会肆无忌惮，不会做伤天害理的事。

同时，像稻盛这种看淡生死的人，自然就能视死如归，完全没有对死亡的恐惧感。

稻盛在65岁时的一次体检中，查出患了胃癌。生死考验忽然降临。但他波澜不惊，得知消息的当天，他依然按照事先预定的日程，参加盛和塾塾长例会，在恳亲会上照样与大家谈笑风生，晚间也照样安然入睡。在进手术室之前，他嘱咐家属："如果术后无法自主进食，就让我死掉算了。没有必要在我身体上插满各种管子，接上机器，进行复杂的生命延长治疗。"稻盛特别不愿意在丧失思考能力的状态下苟延残喘。

稻盛在90岁高龄时与世长辞。但在80岁时，在一次对话中，他就说过："我甚至连到时候怎么死都已经决定好了。活着的时候我就好好活，一旦死期将临，我就开始断食。断食能够让人在最后很快断气，简单易行，不吃饭就行了。"

与其无价值地活，不如有尊严地死。在身体健康时拼命工作，不遗余力；在死亡降临时，对生再无留恋，对死毫无恐惧。这就是稻盛践行的生命观。

稻盛在20世纪80年代中期，曾患上严重的三叉神经痛，一位印度医生在诊断时，把他的病史说得准确而又细致，让他十分佩服。最后这位印度医生说，你这个病虽然一时痛苦，但并无大碍，你可以活到80岁。因为信任这位医生，稻盛就把人生80年做了一个划分：从出生起的20年，是为踏进社会做准备的时期；从20岁到60岁这40年，是拼命工作的时期；如果活到80岁，那么60岁后的20年就是为迎接死亡做准备的时期。

那么死亡是什么呢？稻盛相信人有肉体和灵魂。因此，所谓死亡，可以设想为：肉体留在现世，而灵魂朝另一个世界开始新的旅程。就是说肉体消亡了，而"我"却以"灵魂"的形式永存。死亡不过如此而已。

稻盛说："如果把死亡看作灵魂开始新的旅程，那么应该怎样来迎接死亡呢？在死亡到来之际，今生创造的一切东西都必须留在现世。名誉、地位、财产，一切都只能放弃，只剩灵魂，灵魂开始新的旅程。这就是说，人从生到死这期间，把灵魂变得纯洁，才是人生的目的。没有一个人因为主动要求降生现世、享受人生，才来到这世上。当我们意识到物、心的存在时，我们已经在父母的膝下享受了一段人生。灵魂降生人世，在严酷的现世中经历磨炼，迎接死亡，然后灵魂又开始新的旅程。人生有成功，有失败，有幸运，有灾难，会发生各种各样的事。人生的风浪磨炼人的灵魂，在迎接死亡之际，重要的不是此生是否有过显赫的事业和名声，而是作为人父、作为人母，是否有一颗善良的心，是否有一个纯洁而美好的灵魂，能够以这样的心、这样的灵魂去面对死亡，我以为这就是人生的目的，人生的目的就是磨炼灵魂。"

我认为，稻盛上述这段话，已经把他的生命观表达得非常透彻了。他90年的人生就是这么度过的。

稻盛逝世后，我问他女儿，稻盛最后几年是不是像一个普通老人一样生活？他女儿说，一个极其普通的老人，过着还不如一般老人的简单至极的生活。在最后的日子里，因肠梗阻手术后不能自主进食，也没有食欲，稻盛便放弃了延命治疗。他实践了他早就决定的"简单易行的死法"。

至死利他，如有来世，还要继续磨炼灵魂，继续利他，利更多的人，这就是稻盛生命观的精髓。

# 17

# 稻盛和夫的心性观

# 心在哪里

这个问题，在日本京都圆福寺禅修时，我问过那里的年轻僧人。有人指着自己的胸，意思是里面的心脏就是心；有人指着自己的头，意思是里面的大脑就是心，或者说脑细胞产生的意识就是心。我又问圆福寺的方丈，他从上到下比画了一下，说心在全身，每个细胞里都有心。

后来我逮着一个机会，当面向稻盛先生请教"心在哪里"。稻盛先生不假思索，脱口而出："心是良心"。

当时，我一下子反应不过来，心想：我问您的是心在哪里，您却回答"心是良心"。这不是答非所问吗？

后来我细细咀嚼，才悟到稻盛先生讲到了点子上。再后来，我读到稻盛的一份讲演稿，里面写道：心在哪里？我也不知道，但心的本质就是真善美。

这时我才恍然大悟。既然心是良心，心的本质是真善美，那么，只要把心的这个本质特性发扬光大不就行了吗？像我这样钻牛角尖，硬要搞明白心在哪里，有什么意义呢？

因为语言习惯不同，稻盛先生讲"提高心"，我们翻译成"提高心性"；稻盛先生讲"净化心"，我们翻译成"净化心灵"；稻盛先生讲"心之样相"，我们翻译成"心态"。还有，我们有时用"心肠""心地""心绪"等来表达心，但日语往往只用一个"心"字。可见"心"的翻译就很微妙。

## 心有多重要

心在哪里，虽然看不见、摸不着、说不清，但因为心实在太重要了，所以人们总是搜索枯肠、绞尽脑汁，努力来描述和表达这个"心"。

信手拈来就有：开心、伤心、心花怒放、心急如焚、心旷神怡、心灰意冷、心猿意马……

还有：言为心声、境由心造、相由心生。稻盛所说的"一切始于心，终于心"等，无非说明心有多么重要。人们经常使用"心"这个词，但能够说明"心"为何物的人却非常少。但是，如果不理解"心"是什么，那么，要思考"所谓人是什么""应该如何度过人生"这类问题，就非常困难。

500多年前，中国有"阳明心学"；400多年前，日本有"石门心学"。稻盛先生虽说是科学家出身的企业家，但他终生追究的问题也是心的问题。写《心》这本书，是稻盛先生的夙愿。

## 境随心转

有人问稻盛，您在去日航之前有没有考虑过失败。稻盛答，从来没有考虑过失败，一丝一毫都没有。问者一脸茫然。但我知道，这是稻盛一贯的思想。

如果人从内心相信，要做的这件事是正确的，那么接下来要思考的问题，就不是做或不做、做得成或做不成的问题，而是如何千方百计把它做成的问题。

关键是从内心"相信"能够成功，"相信"是希望的火种，它能点燃人们的热情，照亮前进的道路。

稻盛说"人生的一切皆由内心描绘而来"。境随心转，佛教把"心中所思在现象界呈现出来"这一事实称为"思之所作造业"。思想冒头，由此发动的行为就是"思之所作"。思考是心的波动，是一种能量。持续进行连续不断的强烈思考，能量便会凝结，并作为现象在我们的周围显现。这个过程就是所谓"思之所作造业"。

比如，在经济萧条时，或者业绩连年不振时，有的经营者就会担心"这样下去公司将会破产"，抱着这种否定的态度，忧心忡忡，闷闷不乐。当这种心态占据心灵时，否定性的事情就真的会被吸引过来。

因此，即使是灾难，也要乐观看待。保持积极开朗的思维方式，拼命努力，就能将好的、肯定性的结果吸引过来。日航戏剧性的成功，就是一例。

## 什么是稻盛心学

稻盛先生"心之多重结构"的理论耐人寻味。他认为，心从里到外，由真我、灵魂、本能、感性、理性这五层组成。核心是真我，真我就是真善美，具体来说，包括上进心、谦虚心、反省心、感谢心、知足心、利他心、乐观心、勇猛心等。

与王阳明先生和石田梅岩先生不同，稻盛先生年轻时在科学技术方面就有许多发明创造，后来又成功经营京瓷、KDDI、日本航空三家大企业。搞科技创新，稻盛当然具备科学的思维方式。经营企业，更是需要高度的唯物主义精神。但是，从年轻时起，稻盛就意识到，比起科学技术，比起经营企业的方式方法，人心才是最根本的问题。他提出并贯彻"以心为本"的方针，时时审视自己的心态，同时洞察他人的心境，努力把大家

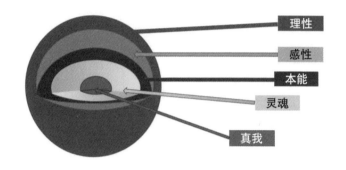

▲心之多重结构

的心凝聚在一起。他提出"提高心性，拓展经营"的口号。他甚至提出"人生的目的，归根结底，就是提高心性，除此之外，人生再无别的目的"。

所谓提高心性，就是在工作和生活中实践真善美，时时事事让良心、真我释放光彩。

# 如何提高心性

因为人心的本质是真善美，所以大家都向往真善美。但要将真善美持之以恒地付诸实践，却非常困难。这是为什么呢？因为从心的结构来看，人心中有本能的欲望，有感性的冲动，有理性的算计，还有灵魂的污垢。如何净化，如何抑制？需要日常的"修行"。如何"修行"？稻盛先生从自身经验中总结出六条，就是在六个方面做出努力，称为"六项精进"。

## （1）"付出不亚于任何人的努力"

全身心投入工作，精益求精，从中获得乐趣，就能抑制怠惰之心。同时，聚精会神，专注于工作，私心杂念自然就会消退，这是最有效的"修行"。

## （2）"要谦虚，不要骄傲"

努力工作获得成就，特别是掌握权力以后，人就会傲慢起来，这简直是历史规律，有时甚至连伟人也很难免俗。因此，抑制傲慢心、保持谦虚就是一项很重要的"修行"。

## （3）"要每天反省"

即使很勤奋，但人有时还是会偷懒；即使告诫自己要谦虚，但周围有小人奉承，内心有欲望涌动，人还是禁不住傲慢，有时还会发脾气。坚持每天反省，就不会让自己变得更坏。这项"修行"必不可缺。

## （4）"活着，就要感谢"

人若认真反省，意识到自己的成就和进步得益于周围人的支持和帮助，就会生出感谢之心。另外，如果把挫折和灾难看成磨炼心志、增益能耐的机会，因而由衷地说一声"谢谢"，并更加努力，就是非常卓越的"修行"。

## （5）"积善行，思利他"

这项"修行"中要注意的是，"大善似无情，小善是大恶"。分清大善和小善，真正为他人好，真正利他，才是有效的"修行"。

## （6）"不要有感性的烦恼"

实践上述五项，烦恼就会大大减少。但人毕竟是会被烦恼所困的动物，特别是遭遇失败、打击和委屈时，难免痛苦烦恼。这时候，以理性抑制住烦恼，把精力投向新的工作，就是很好的

"修行"。

只要坚持六项精进，心性就能提升，事业就能成功，人生就能
幸福。

## 稻盛心学的核心是什么

从良心和真我中引申出来，在心中树立一个明确的判断基准。
这个基准用一句话讲，就是"作为人，何谓正确"。

换句话说，不是把利害得失，而是把是非善恶作为一切判断和
行动的基准。

习惯性看上级的脸色，保自己的乌纱，掂量个人的利害得失，
人在这种心态之下，不但不能见微知著，及时发现问题和危
险，还会有意无意地掩盖真相，打击在第一线说真话的人。如
果说，平时这种做派尚不会酿成大害的话，那么，在特殊时
期，就可能祸国殃民。

但如果我们学会了自我反省，学会了谦虚谨慎，特别是树立了用"是非善恶"判断事物的明确基准，并付诸行动，大家都努力共有这个基准，或许就能从根本上进步，就能立于不败之地，就能受到全世界的信任和尊敬。

18

# 稻盛和夫的宇宙观

在日航和日本政府共同制订的日航重建计划中，日航第一年的利润应达到641亿日元，第二年的利润应达到757亿日元。但舆论认为这根本不可能实现，报纸的标题是："日航二次破产必至！"然而，稻盛进日航的第五个月，日航就开始扭亏为盈，第一年的利润高达1884亿日元，位居世界航空业第一而且遥遥领先，同时，日航的准点率也达世界第一。用这么简单的思想，在这么短的时间内，把这么糟糕的企业改造得这么成功，这是事先没有任何一个人预想到，事后也没有任何一种管理理论能够解释清楚的。

在《日航重建成功的真正原因》一文中，稻盛分析了如何以他的哲学改变了日航员工的意识；如何用阿米巴经营模式改变了

日航的官僚型组织体系；以及自己零薪出任日航会长的无私
行为如何给了日航员工有形和无形的影响；他还提到了盛和塾
动员55万人乘坐日航的义举。这些当然都是日航重建成功的原
因。但仅靠这些，还不足以说明日航为何会有如此神速、如此
奇迹般的、史诗般的成功。稻盛最后的结论是：这是天佑，是
宇宙的力量。稻盛说：

我们每一个人都拥有与构成宇宙相同的要素，我们每个人的心
底深处都存在着与宇宙森罗万象相同的本质。因此，我们才会
作为婴儿呱呱坠地，才会在这个自然界自由地呼吸。我们每个
人心底的最深处都存在着"真我"，这个"真我"与创造宇宙
万物最基本的东西，在本质上完全相同。有人称之为"魂"。
当魂与宇宙相感应、与宇宙的波长相一致时，无论多么困难的
事情都可以迎刃而解。"为什么那个人，在那么难的事情上，
那么轻易地就成功了呢？"用理性分析，那是非常艰难的事
情，是根本做不成的事情，但只要让自己内心深处的"真我"
与宇宙相连接，那时候，上天自然就会出手相助——意识到天
能助我，努力提高自己的品格，使得上天乐于相助，那么，无
论多么困难的问题都一定能解决。这就是我的观点。只要用纯
粹的、美好的心灵思考问题，即使涉足困境也能轻易获胜。在
旁人看来，"那人挑战那么棘手的事情，一定会碰得头破血

流”，但结果却是轻松取胜。保持美好心灵的人，他并非凭借个人的力量，而是以宇宙为同盟，所以一切都能顺利推进。这就是自然界。

这一段话表达了稻盛的宇宙观。稻盛经常思考的问题之一是，怎样用科学的理论来证明他的敬天爱人的利他哲学的正确性和必要性。现代物理学最尖端的“宇宙大爆炸”理论①给了他一种启示。

这个理论认为，浩瀚无垠的宇宙，最初不过是手可盈握的超高温超高压的基本粒子的团块，经过大爆炸才逐渐形成了今日的宇宙。在大爆炸和不断膨胀的过程中，基本粒子构成了电子，又构成了质子，二者相互吸引，就形成了最初的氢原子。太阳主要就是氢原子的团块。氢原子经核聚变，生成各种原子，原子与原子结合构成分子，分子互相结合构成高分子，于是蛋白质出现了，原始生命诞生了。原始生命继续不断进化，催生了各种植物动物，直至孕育出万物之灵——人类。

---

① 宇宙大爆炸是现代宇宙学中最有影响的一种学说，目前科学界对此仍存在争论。——编者注

为什么会有这样持续不断的进化过程呢？停留在原子阶段不行吗？停留在分子阶段不行吗？停留在植物或兽类的阶段不行吗？答案是不行！宇宙就是不断进化的。科学家把这称为宇宙的"法则"，就是说，宇宙本来就是这样的，没有什么为什么。犹如"两点之间可以画一条直线"，此乃不证自明的公理。

但稻盛主张，与其称之为宇宙的"法则"，不如称之为宇宙的"意志"。宇宙存在着让万事万物不断发展进步的"意志"。当人的思想和行为与宇宙的意志同频共振时，就能获得宇宙力量的加持。不仅日航奇迹般的成功可以这样来解释。京瓷、KDDI、京都奖、盛和塾等，稻盛一切事业的成功，都可以以此来解释。因为他纯粹的心灵顺应了宇宙向上向善的意志，因而获得了"天助"——宇宙出手相助。

这是稻盛的切身感受。在技术开发和企业经营中，常常有不可思议的"灵感"突然降临，促使难题很快得到解决。稻盛把这些称作宇宙相助。

有人说，稻盛和夫的宇宙观是"天人合一"思想的升级版。这个说法很有意思。

本书在叙述了稻盛和夫的人生道路之后，简要地阐述了稻盛哲学的三个要点。

一、判断基准。稻盛说这是他哲学的"原点"。

二、成功方程式。稻盛说这是他哲学的"核心"。

三、经营理念。稻盛说这是他哲学的"根干"。

接着又论述了从上述三要点，特别是从"作为人，何谓正确"这一判断基准引申出来的、从人生观到宇宙观的13种"观"。

从中可以看到，相关机构认定稻盛和夫是人类有史以来名列第一的企业家，这个结论是令人信服的。我认为，稻盛和夫作为企业家中的哲学家，特别是利他哲学的哲学家，世所罕见。

然而，在后记中，我想强调的是，决不要神化稻盛。无论在实践上还是理论上，神化某个人都是错误而且有害的。

在学习稻盛哲学的相关活动中，有一个很受欢迎的培训课程，至今已经持续举办了900多期。当初，培训一开始，有一个所谓的"拜师礼"。我提出必须取消这一形式。培训老师很快接受了我的意见。我是这么说的。

搞拜师礼，拜稻盛是不对的。对稻盛表达敬意当然可以，但没有必要采取拜师形式。稻盛本人也反对这种做法。我们或许可以称他为"圣人"或接近圣人的人，但没有必要用崇拜这种词句和形式，因为一旦崇拜，就难免有迷信和盲目的成分。无论稻盛，还是其他伟大的人，他们在伟大的同时也是一个平凡的人。稻盛先生是人，当然会犯错误，有时会朝令夕改，他至今坚持天天反省，在创立第二电电时，他竟然花费半年时间自问有无私心，都说明了这一点。切不可神化稻盛，一旦神化，就把他同我们隔离了，因为人无法向神学习。采取拜师形式不但有一部分人心底不会认同，而且会降低这个培训班的格局。认真实践稻盛哲学才是对稻盛先生最大的尊敬，也是稻盛先生对我们真正的期待。传播稻盛哲学不仅在内容上而且在形式上都要符合稻盛哲学。不要搞个人崇拜。

最后，我想续上前言里所讲的5个问题，并加上稻盛的点评，作为本书的结尾。

## 问6：稻盛哲学有什么特点？

答：我认为有四个特性，**简朴性、实践性、道德性、辩证性**。

**简朴性**：稻盛刚刚创业时，28名员工中大多数只有初中学历。稻盛要用他们听得懂的语言给他们讲哲学，让他们理解、接受，并与他们一起实践。说到哲学，很多人觉得是深奥抽象的学问，是少数学者专家的事，但稻盛善于用朴实的语言表达深刻的思想。稻盛哲学没有任何难懂的哲学术语，它深入浅出，却又有感动和召唤人心的力量。

**实践性**：稻盛与以往的哲学家不同。因为是科学家出身，年轻时就有重要的发明创造，而且27岁就创办企业，所以他的哲学来自亲身的实践，包括开发新材料、新产品的科学实践和经营企业实践，当然也包括生活实践。从实践中来的哲学，又要反过来指导经营实践，使事业获得巨大发展。而经营实践又使哲学不断丰富。这种从实践到理论，又从理论到实践的、紧密的、反复的循环，使实践和理论、经营和哲学达到了高度的平衡、完美的统一。

**道德性**：就一般概念来说，哲学是哲学，道德是道德，两者虽有联系却分别属于不同的范畴。但稻盛哲学则把道德放进了哲学，以"作为人，何谓正确"，也就是以"利他之心"思考、判断和行动成了稻盛哲学的核心。这在其他哲学中是罕见的。

**辩证性：**稻盛哲学强调兼备事物的两极，比如利己和利他、大善和小善、大胆与小心、慈悲心和斗争心、大家族主义和市场竞争主义等，比如，经营者对员工既要关心爱护又要严格要求，两者要高位平衡。这是每天的工作中都会面对的课题。

## 问7：如何评价稻盛的经营理念？

答：经营理念，又叫企业目的。稻盛29岁的时候，在处理11名有高中学历的员工集体辞职的痛苦经验中，领悟并制定了京瓷公司的经营理念，就是在追求全体员工物质和精神两方面幸福的同时，为人类社会的进步发展做出贡献。

这两句话看起来很朴实，语不惊人，但它却是几乎所有经营者从来没有领悟的企业经营中最重要的原理原则，它被放在稻盛"经营十二条"规律的第一条中，就是说，它是正确经营企业的前提。

这个理念的特点是把追求员工幸福放在首位。企业经营究竟是员工第一？还是客户第一？或是股东第一？至今争论不休。

有股东投资才有企业，客户买你的产品企业才能生存，没有国家的保护和支持，企业也难以发展。然而，股东、客户、国家并不能代替你来经营企业。实际负责企业运行、每天进行企业生产经营活动的是包括经营者在内的全体员工。如果全体员工都很尽责，每天都在各自的岗位上努力工作，发挥自己的聪明才智，齐心协力，精益求精，那么企业就能凝聚巨大的合力，企业就能持续发展、长期繁荣。这样才能不断给客户提供令他们满意的产品和服务，才能让股东获得稳定的回报，才能向国家多交税，才有能力开展各种社会公益活动。这个道理并不复杂。

追求全体员工物质和精神两方面幸福，同时又为人类社会的进步发展做出贡献。我认为这个理念虽然朴实却非常伟大，可以说，这是自人类有集团以来，一切集团理念中最高贵的理念。没有什么集团的理念可以超越它。

更可贵的是，几十年来，稻盛在某种程度上已经实现了京瓷、KDDI全体员工和日航共约13万人物质和精神两方面的幸福。他把千百年来圣贤们苦苦追求却从来没有实现过的理想变成了现实。极而言之，只要将稻盛的理念和模式拷贝实践，一个人人幸福美满的崭新的世界就会出现。我们盛和塾的企业家，首先都要在自己的企业内为创造这样的新世界而奋斗。

同时，如果把这个理念中的"全体员工"上升为"全体国民"——"在追求全体国民物质和精神两方面幸福的同时，为人类社会的进步发展做出贡献"，这可以而且应该成为一个国家的理念。

这个理念世界通用，如果全世界的政府和国民都能明确这一理念，实践这一理念，世界上的很多问题和纷争或许都可以迎刃而解。

## 问8：稻盛哲学和儒释道有何异同？

答：稻盛讲的"利他"同儒教的"仁"、道教的"道"、基督教的"爱"、佛教的"慈悲"以及王阳明的"良知"本质上是一回事。

虽然稻盛受儒释道的影响很深，但从根本上讲，稻盛哲学是稻盛先生从自己的生活、工作和经营的实践中，在痛苦烦恼中，在不断的自问自答中自己悟出来的。稻盛在30岁前后已经相当完整地、非常清晰地构建了他的经营哲学和人生哲学。当然在这个过程中，以及在后来的岁月中，他又把儒释道和东、西方的其他许多优秀文化融入他的哲学之中。

我觉得用"不谋而合、殊途同归"这8个字来形容稻盛哲学与儒释道的关系比较合适。比如，稻盛把"作为人，何谓正确"

当作判断一切事物的基准，这同王阳明的"致良知"异曲同工。所谓"致良知"就是把良知发挥到极致，就是事事对照"良知"，换句话说，也就是事事都要对照"作为人，何谓正确"，来判断和行动。

包括儒释道在内，中国几千年历史中产生的思想文化瑰宝，对于企业家修心养性、提升个人品格具有积极的意义。但是，在以家庭为单位的、自给自足的自然经济和封建专制统治之下，当时的社会组织形态没有也不可能产生现代企业这样的组织形式，更没有现代企业经营管理的哲学和模式。传统文化中有许多东西已不适应现代社会。同时，文言文，之乎者也，让缺乏古文素养的人很是头痛。因此直接靠所谓"国学"，直接靠儒释道去教育企业员工、改变员工的行为，实际上有很大的困难。

稻盛除了是科学家、企业家、哲学家，还是教育家。稻盛哲学吸收了儒释道的精华，融会贯通，将它成功地应用于企业经营。从这个意义上讲，稻盛哲学是现代商业社会的儒释道。同时，稻盛哲学还吸收了西方的科学、科学管理以及优秀的人文精神。从这个意义上讲，稻盛哲学是集古今中外优秀文化之大成，并成功应用于现代企业经营的典范。

某集团的董事长，他不但参加过包括儒释道在内的各色培训班，还专程去美国哈佛大学、西点军校和英国剑桥大学、牛津大学研修经营管理，但在接触稻盛哲学特别是去日本游学以后，他说了三句话。

1. 稻盛哲学是值得本企业乃至全中国企业深度学习的思想。
2. 在稻盛哲学中我不但找到了企业的方向，而且找到了人生的意义。
3. 今后，我这一辈子只做一件事，就是学习、实践和传播稻盛哲学。

我觉得这位董事长的话代表了中国盛和塾企业家的心声。

## 问9：稻盛哲学适用于中国企业吗？

答：稻盛的信条是敬天爱人，稻盛哲学讲"以心为本"，讲"作为人，何谓正确"。我们都是人，都有心，因此稻盛哲学不仅超越行业，而且超越国界，超越民族和文化差异。

事实上，盛和塾8000多名①企业家中，不但在日本有接近100家企业已经成功上市，而且在美国有兰花大王，在巴西有香蕉大王。在中国，有一大批企业都在认真学习和实践稻盛哲学，有

---

① 这些回答最初发表是在2013年，后同。——编者注

的已经取得了显著成效。在中国企业家塾生中，像做二手房生意的伊诚地产，做建筑软件的广联达等企业，他们的目标不仅是中国第一，而且是行业内世界第一。而稻盛哲学就是他们实现这种高目标的思想武器。

稻盛哲学围绕实际，具有普遍性。稻盛先生离我们心灵的距离很近，我们每个人都能从他的思想中吸取力量，作为我们不断前进的动力。稻盛和夫是这个时代的榜样，不仅日本，整个世界都需要稻盛和夫这样的人，需要稻盛哲学这样的思想哲学。

当然，信奉利己主义又不肯反省的人，确实难以理解和接受稻盛的利他哲学，更不愿意去实践，但这是他们自己的问题，而不是稻盛哲学的问题。

## 问10："盛和塾现象"有什么含义？

答：盛和塾是稻盛塾长向企业家塾生义务传授企业经营哲学和实学的道场。从1983年起已经有30多年的历史。塾生人数超过8000名，而且还在快速增加。

向成千上万、各行各业、大大小小的企业家传授企业经营的真谛，这是古今东西、整个人类历史上独一无二的现象。

2500年来，东西方有许多卓越的思想家、哲学家，但他们却没有经营企业的经验。自200多年前英国工业革命产生现代企业以来，包括当今世界，虽然有许多杰出的大企业家，但他们都没有成为思想家、哲学家。

另外，西方的管理学，包括各种商学院传授的经营管理的知识，大多偏向于方法技法、方式模式，总是在"术"的层面打转。

理想的企业应该是怎样的？究竟如何正确地经营企业？怎样才能让企业持续成长发展？企业经营者应该具备怎样的人格？对于这样的问题，不但儒释道中没有现成的答案，现代商学院也无力解答。

而既是企业家又是哲学家的稻盛，已经把自己丰富的经营经验提升到了哲学的高度，成为正确经营企业的、普遍适用的原理原则。而这种哲学的正确有效，不仅在京瓷、KDDI、日航得到证实，而且已经被盛和塾上万家企业的实践所证明。简单地讲，只要你认认真真实践稻盛的"六项精进""经营十二条"，在一两年之内，你的企业就有可能成长为高收益的企业，就如日航一样。

另外，稻盛还是一个无私忘我的人，一个谦虚朴实的人，一个平易近人的人。同他的思想一样，他的人格也充满魅力。

稻盛是众多企业家的经营之师，稻盛哲学倡导利他主义，盛和塾现象世所罕见，应该引起全世界更大的关注。

## 问11：企业导入阿米巴经营模式究竟难不难？

答：有人说实践稻盛哲学很难，导入阿米巴经营模式难上加难。

首先，究竟难不难？这是一个禅问答。天下事有难易乎？为之，则难者亦易矣；不为，则易者亦难矣。

阿米巴经营是分部门核算的一种经营方法。根据企业规模和行业的不同，阿米巴的复杂程度也不同。根据导入成功的企业的经验，在初始阶段，因为企业要增加许多事务性工作，所以做起来有点烦琐；但养成习惯后，因为企业能实现生产与市场挂钩，培养经营领导者和全员参与经营的目的，所以好处很多。

在阿米巴经营模式中，各阿米巴不但要独立核算，追求自己的效益，还要考虑相关的阿米巴和企业整体的利益。同时效益好的阿米巴，并非马上就会涨工资或涨奖金，而是得到上级和其他阿米巴的感谢和夸奖，获得精神上的满足感和自豪感。另外，阿米巴的数据要真实可靠，不能弄虚作假。因此在导入和实行该模式时，利他的哲学必不可缺。日航也是在稻盛进入14

个月以后才正式实施阿米巴经营模式。

有的企业在导入阿米巴经营模式后会遇到障碍或出现反复，这时经营者的态度十分重要。稻盛说：阿米巴经营的成败取决于经营者的意志。这是经验之谈。

最后，我写了一副对联赠送稻盛先生：

唐代鉴真东渡日本传汉文

今朝稻盛西飞中国授哲学

## 稻盛和夫对我上述11个问题回答的点评

曹先生，真的非常感谢您。听了您的一番话，我有一种深切的感受，我觉得，对于我的经营哲学，像您这样，有如此深刻理解的人，恐怕全世界也没有吧。

您的理解确实很到位。但是，听您的发言，我又感到，您对我的评价太高了，过分抬举我了。我并没有那么伟大、那么了不起。我不过是同大家一起，在经营企业的过程中吃苦耐劳，恶战苦斗，拼命工作，一路走来，今年（2013年）我81岁了。

我总是想，我应该把我自己在艰苦奋斗中所积累的经营的经验、体悟，尽可能地传授给更多的人，让像我一样、正在辛苦经营企业的同仁们能够稍微轻松一点、舒畅一点、高兴一点。为此，我才不敢懈怠，一心一意，努力至今。

而您深刻地理解了我的行为和我的哲学，并做了精彩的解说。真的非常感谢您。就说这些。